Karriereagenda für Frauen

Angewandte Genderforschung
Gender Research Applied

Herausgegeben von/Edited by Ingelore Welpe

Bd./Vol. 5

PETER LANG
Frankfurt am Main · Berlin · Bern · Bruxelles · New York · Oxford · Wien

Ingelore Welpe / Britta Thege

Karriereagenda für Frauen

Wie Geschlecht und Kommunikation
über den Karriereerfolg entscheiden

PETER LANG
Internationaler Verlag der Wissenschaften

Bibliografische Information der Deutschen Nationalbibliothek
Die Deutsche Nationalbibliothek verzeichnet diese Publikation in
der Deutschen Nationalbibliografie; detaillierte bibliografische
Daten sind im Internet über http://dnb.d-nb.de abrufbar.

Gedruckt auf alterungsbeständigem,
säurefreiem Papier.

ISSN 1861-1915
ISBN 978-3-631-59556-5
© Peter Lang GmbH
Internationaler Verlag der Wissenschaften
Frankfurt am Main 2011
Alle Rechte vorbehalten.

Das Werk einschließlich aller seiner Teile ist urheberrechtlich
geschützt. Jede Verwertung außerhalb der engen Grenzen des
Urheberrechtsgesetzes ist ohne Zustimmung des Verlages
unzulässig und strafbar. Das gilt insbesondere für
Vervielfältigungen, Übersetzungen, Mikroverfilmungen und die
Einspeicherung und Verarbeitung in elektronischen Systemen.

www.peterlang.de

Vorwort

Die Ansicht, dass der Verlauf und der Erfolg von Berufskarrieren etwas mit dem Geschlecht bzw. dem *sex* und *gender* der Person zu tun haben, kann man heute, ohne Aufsehen hervorzurufen, vertreten. Es gehört inzwischen zum Allgemeinwissen, dass die Geschlechterrollen, die Kulturen ihren männlichen und weiblichen Mitgliedern als adäquat vorschreiben, deren privaten und beruflichen Lebensverlauf signifikant positiv und negativ beeinflussen und Chancen geben, nehmen oder verfehlen lassen.

Seit das Analysepotential von Gender für die Herstellung von sozioökonomischer Chancengleichheit erkannt ist, wird die Kategorie Gender zur Untersuchung, Beurteilung und zur Entwicklung von Institutionen, Organisationen und Wirtschaftsunternehmen angewandt. Inzwischen hat Gender im Bewusstsein der Öffentlichkeit einen festen Platz, wenn es um die Umsetzung der Chancengleichheit für Frauen und Männer in der europäischen Wirtschafts- und Arbeitswelt geht. Chancengleichheit ist als Querschnittziel in den Zukunftsprogrammen Wirtschaft und Arbeitswelt der Europäischen Union definiert und in seiner Bedeutung den Strategiezielen für die nachhaltige Wettbewerbsfähigkeit Europas gleichgestellt.

Die Produktivität und Effizienz von Organisationen wird bestimmt von den Qualifikationen der beschäftigten Frauen und Männer und einem differenzierten Humankapitalmanagement, das auch geschlechtstypische Motive und Bedürfnisse, Potenziale, Kompetenzen und Präferenzen einbezieht.

Die Relevanz von Gender wird in Organisationen keineswegs als selbstverständlich betrachtet. In aller Regel bezeichnen sich Organisationen als genderneutral. Richtiger ist es hingegen, von genderblinden Organisationen zu sprechen, da in traditionell gehandhabten Personalmanagementprozessen Frauen als Gruppe nachweislich nicht adäquat berücksichtigt sind. Die asymmetrische Besetzung von oberen und höchsten Führungspositionen zuungunsten von Frauen belegt ebenfalls, dass das alte patriarchale Denkmodell weiterhin praktiziert wird.

„Think manager – think male" empfahl 1976 ein berühmter Ökonomieprofessor der Harvard Universität[1] Studentinnen, wenn sie sich auf den Weg nach oben aufmachten. Es signalisierte den Frauen, die ihre Potenziale nicht genderkonform der privaten Haushaltsökonomie zur Verfügung stellen wollten, sondern hohe und höchste Führungskarrieren anstrebten, dass sie das falsche Geschlecht dafür hätten. Über Berufskarrieren von Frauen über mittlere Ebenen hinaus entscheiden auch heute immer noch irrelevante Kriterien. Entscheidender als Ausbildungsniveau, Qualifikation, Eignung und Kompetenzen ist in überzufällig vielen Fällen das Merkmal *female sex and gender*, das geschlechterstereo-

---

1 Professor Schein ist heute Professor am Massachuchetts Institute of Technology in Boston, USA.

type Zuschreibungen von Attributen und Vorurteilen auslöst, ein Ausschlusskriterium.

Einer der am besten untersuchten Fragestellungen feministischer Forschung ist der Zusammenhang zwischen Macht und Sprache. Cheris Kramarae hat bereits 1982 eine kohärente Theorie zu Gender und Macht in der Sprache entwickelt und gezeigt, dass Sprache das Instrument ist, mit dem die Welt begriffen wird und dass die sozialen Machtverhältnisse in der Sprache enthalten sind. Die Linguistin Julia Penelope (1990), eine der führenden Expertinnen in diesem Forschungsfeld, bekräftigte Kramarae mit ihrer These, dass Sprache die Grundlage aller menschlichen Erfahrungen ist und zugleich das mächtigste gesellschaftliche Mittel zur Herausbildung und Formulierung von Hierarchie, Unterordnung und Unterdrückung. Die Kulturanthropologen Ardener und Ardener (1973) wiesen nach, dass die Anthropologie und die Ethnographie Kulturen in maskuliner Sprache beschreiben und vornehmlich das Verhalten und die Sprache von Männern beobachteten. Sie folgerten, dass die kulturellen Beiträge von Frauen ignoriert werden und Frauen in der Öffentlichkeit „stumm" sind. Das Ergebnis ist, dass Frauen als soziale Gruppe den maskulinen Sprachstil nicht beherrschen und im öffentlichen Diskurs bedeutungslos bleiben.

Mit ihrem Stil definieren und dominieren Männer selbst in den neuesten Kommunikationstechnologien den gesellschaftlichen Diskurs und ihre Art der Kommunikation gilt nach wie vor auf dem Arbeitsmarkt und in der Arbeitswelt. Mikroanalysen zu Interaktionen zwischen Frauen und Männern in Organisationen und Studien zu frauentypischen Karriereverläufen, Karrierebrüchen und Karriereerfolgen weisen auf die Rolle der Kommunikation bei Berufskarrieren und bei Ausschlussprozessen gegenüber Frauen hin.

Karriereprozesse sind komplexe soziale Sachverhalte und zudem wenig transparent. In aller Regel kennen Beschäftigte die Determinanten von Karriereerfolg in ihren eigenen Organisationen nicht genügend. Es fehlt ihnen das Wissen über organisationale Kernprozesse, zu denen die Wertschöpfungskette Personal zählt.

Das Zusammenwirken von Gender und Kommunikation in Berufskarrieren ist in Theorie und Praxis nicht ausreichend thematisiert, auch deshalb nicht, weil sich die Organisationsliteratur und die Kommunikationsliteratur nur marginal mit Genderaspekten am Arbeitsplatz befassen.

Wir schreiben dieses praxisbezogene Buch mit dem Genderblick auf Kommunikation, Karrierekonzepte und auf die Praxis des Karrieremanagements in Organisationen, um zu zeigen, wie geschlechtstypische Kommunikationsstile Berufskarrieren von Frauen beeinflussen.

Das Buch *Karriereagenda für Frauen* informiert auf wissenschaftlicher Grundlage praktisch zu folgenden Fragen:

- Was ist Genderkommunikation? Warum gibt es geschlechtstypische Kommunikationsstile? Wie entwickelt sich Kommunikation geschlechtstypisch?
- Was sind die wichtigen Unterschiede zwischen *female talk* und *male talk*? Wie werden diese Stile unterschiedlich wahrgenommen und beurteilt?
- Welche Erfolgspotentiale und Risiken in der Arbeitswelt haben geschlechtstypische Kommunikationsstile?
- Welche Karrierekonzepte, Karrierelogik und welches Karrieremanagement praktizieren Organisationen und Unternehmen? Wie können karriereorientierte Frauen damit umgehen?
- Welcher Kommunikationsstil gilt als unprofessionell und karrierehinderlich? In welchen beruflichen Situationen entscheidet Genderkommunikation über den Karriereverlauf?
- Welche Empfehlungen können für eine Karriereagenda gegeben werden?

Karriereagenda für Frauen ist der fünfte Beitrag in der Reihe „Angewandte Genderforschung – Gender Research Applied". Dieses Buch will neue Ergebnisse und Überlegungen der genderbezogenen Kommunikations- und Karriereforschung weitergeben an Fachkräfte und Führungskräfte für Personal und Organisation, für Steuerungsgruppen und Projektträger für Chancengleichheit in Praxisprojekten, für Lehrende in sozialwissenschaftlichen, medizinischen und MINT-Studiengängen an Hochschulen und ihre Studierenden und an Frauen und Männer, die anspruchsvolle Berufskarrieren planen und durchsetzen wollen. Zur Motivation beim Lesen dienen wichtige Schlüsselbegriffe, Basiswissen und zentrale Aussagen zu Gender, praxisbezogene Empfehlungen und weiterführende Literatur.

Wir wünschen uns, dass wir mit dem Praxisbuch *Karriereagenda für Frauen* nützliche Einsichten und Hinweise weitergeben an unsere Leser und Leserinnen und manch eine individuelle Berufskarriere davon profitieren kann.

Kiel, Januar 2011

Ingelore Welpe & Britta Thege

Inhaltsverzeichnis

Verzeichnis der Tabellen und Abbildungen 11

1 Können Geschlecht und Kommunikation über eine Berufskarriere entscheiden? 13

2 Schlüsselbegriffe rund um Gender und Chancengleichheit 17

3 Theoretische Perspektiven auf Frauen in Berufskarrieren 23
   3.1 Übersicht über feministische Theorieansätze 23
      3.1.1 Gleichheitsperspektive 25
      3.1.2 Differenzperspektive 26
      3.1.3 Transformationsperspektive 27
   3.2 Gender Mainstreaming 30
   3.3 Feministische Linguistik und queere Sprache 33
      3.3.1 Feministische Konversationsanalyse 34
      3.3.2 Queere Sprache 35
   3.4 Beurteilung der Theorieperspektiven im Hinblick auf Karriereoptionen von Frauen 36

4 Berufskarriere, Genderlogik und Chancengleichheit 37
   4.1 Welche Karrieren bieten Organisationen und Unternehmen? 38
   4.2 Wie und warum unterscheiden sich Frauen- und Männerkarrieren? ... 39
   4.3 Wie hängen Karrierelogik und Genderlogik in Unternehmen zusammen 42
   4.4 Karrierefrauen und Managerstereotyp 43
   4.5 Wie kommt es zu typischen Karrierebrüchen bei Frauen? 45
   4.6 Wie Gender und das Prinzip Chancengleichheit die Konditionen für Karrieren verändern 48

5 Gender und Kommunikation ... 51
5.1 Wie lässt sich Kommunikation definieren? ... 51
5.2 Wie werden Botschaften produziert, wahrgenommen, verarbeitet und beurteilt? ... 52
5.3 Kulturaspekte der Kommunikation ... 55
5.4 Organisationskultur unter der Genderperspektive ... 57
5.5 Feminismusdebatten und Genderkommunikation ... 59
5.6 Genderkommunikations-Hierarchie ... 60
5.7 Selbstdarstellung, Selbstkonzept und Kommunikation ... 60
5.8 Gender und der Kommunikationsstil Community of Practice ... 64

6 Schlüsselfelder für Frauen im Karriereprozess ... 67
6.1 Assessment Center ... 67
6.2 Aufstieg in hohe Positionen ... 70
6.3 Konflikte ... 72
6.4 Entgeltdiskriminierung ... 76
    6.4.1 Das Ausmaß des Gender Pay Gap ... 77
    6.4.2 Welche Ursachen hat die Entgeltdiskriminierung? ... 77
    6.4.3 Sind Frauen weniger produktiv als Männer? ... 80
    6.4.4 Aufdecken des Gender Pay Gap ... 81

7 Karriereagenda für Frauen – Empfehlungen für den individuellen Karriereerfolg ... 85

8 Literaturverzeichnis ... 91

Verzeichnis der Tabellen und Abbildungen

Tab. 1: Stereotype Vorstellungen ... 44
Tab. 2: Selbstdarstellungstechniken ... 64

Abb. 1: Reiz-Reaktions-Schema bei der Beschreibung und Beurteilung menschlichen Verhaltens ... 67
Abb. 2: Verlierer und Gewinner und Auswirkungen im genderblinden Assessment Center unter dem Einfluss von Stereotypen ... 70
Abb. 3: Verteilung des weiblichen und männlichen Humankapitals ... 71

1 Können Geschlecht und Kommunikation über eine Berufskarriere entscheiden?

Seit den frühen 1970er Jahren werden traditionelle Geschlechterrollen im Beruf untersucht und das Forschungsfeld Gender und Kommunikation bearbeitet (Holmes/Marra 2004). Frauen sind heute selbstverständlich in allen Wirtschaftszweigen berufstätig und immer mehr Frauen streben Berufskarrieren und Senior-Managementpositionen an. Nach wie vor aber erwarten Frauen auf dem Weg nach oben spezifische Schwierigkeiten.

Warum gelingt es Frauen trotz aller gleichstellungspolitischen gesellschaftlichen Aktivitäten und des Mainstreamthemas Chancengleichheit nicht, in einer soliden Mehrheit in die oberen und höchsten Führungspositionen zu gelangen? Warum scheitern Frauen mit anspruchsvoller akademischer Qualifikation wie Ingenieurinnen überzufällig häufig in Unternehmen, wenn es um den Aufstieg und die Konsolidierung von verantwortungsvollen Führungskarrieren geht? Warum verlassen die wenigen Topmanagerinnen oft vorschnell mühsam errungene Positionen? Warum können viele gut qualifizierte junge Frauen aus ihrem Bildungsgewinn gegenüber gleichaltrigen weniger gut qualifizierten Männern keinen Wettbewerbsvorteil ziehen, wenn es um Karrieren geht? Es sind Forschungsfragen und Praxisfragen, zu den befriedigende Antworten und Lösungen erst noch zu finden sind.

Die klassischen Antworten, wie fehlende Vereinbarkeit von Familie und Beruf, der Verweis auf fehlende Kindergartenplätze oder die ungleiche private Arbeitsteilung zwischen Frauen und ihren Männern, erklären nur teilweise die derzeitigen Befunde zu den Karriereproblemen von Frauen. Bildungs- und Qualifikationsunterschiede zwischen Frauen und Männer gibt es zudem nicht mehr und offene Diskriminierungen von erwerbstätigen Frauen sind auf Grund der erfolgreichen Emanzipations- und Gleichheitsbewegungen verschwunden. Daher sucht man nach subtil wirkenden Faktoren, die die Unterschiede zwischen männlichen und weiblichen Berufskarrieren erzeugen und die im Karriereprozess über den Fortschritt, die Stagnation oder den Abbruch entscheiden können.

Nicht alle Männer machen selbstverständlich und gleichermaßen Karrieren und nicht alle Männer, die Karriere machen sind qualifizierter und klüger als diejenigen, an denen sie vorbeiziehen. Was unterscheidet erfolgreiche Männer in Berufskarrieren? 1989 begannen Ayman Sawaf und Robert K. Cooper[2] an Hunderten von Führungskräften in Organisationen und an Managern der unter-

---

2 Cooper und Sawaf gründeten die Firma „Advanced Intelligence Technologies" und entwarfen eine standardisierte und reliable Matrix zur Beurteilung emotionaler Intelligenz von Managern. Inzwischen sind tausende Führungskräfte damit beurteilt worden.

schiedlichsten Industriebranchen die Bedeutung der emotionalen Intelligenz für den Berufserfolg zu untersuchen. Die Ergebnisse veränderten das Verständnis von Berufserfolg nachhaltig (Cooper/ Sawaf 1997). Erfolgskarrieren in Wirtschaftunternehmen, Wissenschaft, Forschung, Politik und Kultur werden auch von mittelmäßig begabten Menschen gemacht und von hochbegabten Menschen verfehlt. Ein entscheidender Unterschied ist das Ausmaß und das Management der eigenen emotionalen Intelligenz. Bei gleichen intellektuellen Leistungspotenzialen sind diejenigen erfolgreicher, die andere an emotionaler Leistungsfähigkeit übertreffen. Viele Menschen mit einer akademischen Intelligenz von 130 sind Angestellte von Unternehmern, deren Intelligenzquotient nur 100 beträgt. Ein Einser-Abitur oder eine summa-cum-laude Dissertation sagen den Berufserfolg schlechter, nämlich nur zu 20 Prozent, vorher, als die Tatsache, dass jemand Schulsprecher war, als Jugendlicher einen Verein gründete oder zu den Beliebtesten in seiner Klasse gehörte.

Wesentliche Bestandteile der emotionalen Intelligenz sind kommunikative Fähigkeiten, darunter die Fähigkeit, sich anderen verständlich machen zu können und verstanden zu werden und das Vermögen, sich selbst im Denken und Handeln zu verstehen und zu artikulieren. Emotionale Intelligenz ist Bestandteil der sozialen Kompetenz. Sie gehört zu den Schlüsselqualifikationen für Berufskarrieren. Je höher die Karriereziele sind, je stärker der Wettbewerb um Führungspositionen ist und je komplexer die Karrierewege in Organisationen sind, um so mehr Gewicht gewinnen soziale Kompetenzen in Auswahlsituationen und Beförderungsprozessen.

Die Anforderungsprofile für obere und höchste Führungspositionen sind branchenübergreifend gleich formuliert. Die Kataloge der Organisationen nennen übereinstimmend die für Karrieren unabdingbaren persönlichen und sozialen Kompetenzen. Darunter sind einerseits persönliche Kompetenzen wie Selbstorganisation und Selbstmanagement, Stressresistenz, Selbstsicherheit, Selbstvertrauen und emotionale Stabilität. Andererseits haben interpersonale Kompetenzen erhebliche Bedeutung für die erfolgreiche Ausübung einer Führungsrolle. Kommunikationsfähigkeit, Kontaktfähigkeit, Überzeugungskraft und Konfliktfähigkeit gehören dazu. Eine erfolgreiche Berufskarriere setzt auch voraus, dass man Leistungsfähigkeit auch tatsächlich demonstrieren und kommunizieren kann (von Rosenstiel/Nerdinger/Spieß 1991).

Dass zu allererst unternehmerisch zielführende Leistungserbringung im Sinne der Organisation oder des Unternehmens karriereförderlich ist, darf nach Untersuchungen von Luthans/Hodgetts/Rosenkrantz (1988) bezweifelt werden. Es ist belegt, dass Manager sich wenig mit Sacharbeit befassen, hingegen mehr als die Hälfte ihrer Arbeitszeit mit mündlicher Kommunikation verbringen. Es handelt sich dabei um Routinekommunikation über konkrete Arbeitsprozesse, um klassische Personalführungsfunktionen wie Anleiten, Zielvereinbarungen, Delegieren und Informieren, um das Herstellen und Aufrechterhalten von intraorganisationalen Beziehungen in Netzwerken und zu Schlüsselpersonen sowie um Humanressourcen-Managementfunktionen für Personalförderung und Personalentwicklung. Welche Aspekte der Kommunikation tragen in welchem Umfang zum Karriereerfolg bei? Wie und mit welchen Zielen kommunizieren Personen, die schnell Karriere machen?

Vergleichende Untersuchungen ergaben, dass Personen mit schnellen Karrieren im Vergleich zu denen, deren Karrieretempo langsam ist, in einem weit überdurchschnittlichen Maß Zeit in den Typ Beziehungskommunikation investieren (a.a.O., S.161). Sie verzichten auf Routinekommunikation und befassen sich wenig mit Personalkommunikation, die der Erreichung der Unternehmensziele und der Personalzufriedenheit dienen. Wer schneller Karriere machen will, so legt es diese Untersuchung nahe, muss zielstrebig kommunizieren, um bei karriereförderlichen Personen bekannt zu werden und um in die Beziehungsnetzwerke der Organisation zu gelangen und bedenken, dass sachbezogene Kommunikation das Karrieretempo nicht unbedingt befördert.

Kommunikation in Organisationen hat keinen Selbstzweck, sondern dient den Kontakten zu anderen Mitgliedern der Organisation, der eigenen Integration in Gruppen, dem Zugang zu wichtigen Ressourcen, der Selbstbehauptung und Akzeptanz in Positionen sowie dem Aufstieg und dem Erfolg in höheren Positionen. Die Quantität, Qualität und Strategie der Kommunikation entscheiden schließlich über das Ausmaß der persönlichen Einflussmöglichkeiten, der positiven Eindrucksbildung, über Beförderungschancen und über die erreichbaren Positionen. Je größer und komplexer Organisationen und Unternehmen sind, umso mehr Karrieremöglichkeiten bieten sie ihrem Personal. Allerdings reduzieren Größe und Komplexität zugleich die organisationale Transparenz über Karriereprozesse. Intransparenz bringt erhebliche Informationsverluste, so dass Individuen ihre Karrieren nur unter erheblicher Unsicherheit planen und steuern können.

Für eine berufliche Karriere sehen Organisationen Aufnahme- und Ausleseverfahren für ihr Personal vor. Je höher die angebotene Karriereposition ist, umso weniger scharf ist der Aufgabenbereich definiert und ist Fachkompetenz gefragt. Dagegen, werden persönliche und soziale Kompetenzen, die von den Bewerber/innen darzustellen sind, zu den eigentlichen Auswahlkriterien. Hier entscheiden nun zwangsläufig mehr als objektive Beurteilungen und exakte Beobachtungen, stereotype Bilder und Vorstellungen von der idealen Führungskraft. Die Vermittlung des entsprechend richtigen Eindrucks geschieht durch Kommunikation und Interaktion zwischen den Entscheidern in der Organisation und den Bewerber/innen. Mit ihrem Kommunikations- und Interaktionsstil und der Art der Selbstdarstellung signalisieren die männlichen und weiblichen Bewerber der Organisation, wie gut sie dem gesuchten Bild entsprechen und entscheiden auch damit über ihren Einstieg in eine Karrierelaufbahn und die weiteren Aufstiegschancen.

Dem Verteilungsergebnis von Frauen und Männern in Berufskarrieren zufolge, entsprechen offensichtlich Männer dem von den Organisationen gewünschten Habitus und Typ der Führungskraft sehr viel mehr als Frauen. Zur Erklärung der Beobachtung, dass branchen- und organisationsspezifisch nur zu 0-30 Prozent Frauen in höchsten und oberen Führungspositionen sind, hat man vor allem organisationstheoretische (Marshall 1995; Wunderer/Kuhn 1995), feministische (Foss/Foss 1991) oder gleichstellungspolitische Erklärungen (Krell 1997) herangezogen. Danach spielen eine Reihe unterschiedlicher Faktoren wie geschlechterbezogene Stereotypisierung und Diskriminierungen, Geschlechterrollen und der Minderheitenstatus von Frauen in Führungspositionen eine Rolle für ihre Karrierechancen. Besonders wirkungsvoll verhindern der maskuline und homosoziale Charakter von Organisationen und strategisch agierende Männerbünde in Organisationen (Rastetter 1998) Führungskarrieren von Frauen. Die fehlende Genderkompetenz im Personalmanagement und genderkonforme Selbstkonzepte von Frauen können als weitere Karrierebarrieren betrachtet werden (Welpe/Welpe 2003).

Das gesellschaftlich akzeptierte Ziel Chancengleichheit erfordert, dass mehr Frauen erfolgreich in Fachkarrieren und Führungskarrieren des oberen Drittels von Organisationen gelangen. Das verlangt von Organisationen und karriereorientierten Frauen rationale Kommunikation, mit der die während der unterschiedlichen Karrierephasen immer wieder wechselseitig auftretenden Vorurteile und subtilen Vorbehalte offen gelegt und Problemlösungen ermöglicht werden.

In diesem Kommunikationsprozess ist Gender die intervenierende Variable, die den Erfolg oder Misserfolg bei den Verhandlungen über Karrieren zwischen Frauen und Organisationen bestimmt. Gender befördert ein männliches Individuum auf dem Weg nach oben auf gläsernen Rolltreppen, ein weibliches Individuum lässt es wahrscheinlich an gläsernen Decken enden. Es ist anzunehmen, dass Wissen und Kompetenzen zur Kommunikation in Karriereprozessen ein signifikanter, in seinen Auswirkungen bisher unterschätzter Erfolgsfaktor für Frauen ist.

Wir befassen uns daher im Folgenden mit plausiblen Zusammenhängen zwischen Gender, Kommunikation und Karriere und Veränderungen in der Karriereagenda für Frauen.

2 Schlüsselbegriffe rund um Gender und Chancengleichheit

Der Begriff Gender stammt von dem lateinischen Verb *generare* (dt. *erzeugen*) ab. Es beschreibt das Erzeugen von Kategorien, Wertungen und Beziehungen. Gender befasst sich mit den Mechanismen, durch welche Geschlechterzuordnungen „erzeugt" werden.

Die analytische Unterscheidung von *sex* (für das biologische Geschlecht) und *gender* (für das soziale kulturell geprägte Geschlecht) ist ein Produkt feministischer Wissenschaft in den USA, die Ende der 1970er Jahre Politik und Wissenschaft kritisierte und die die Theoriebildung zur Bedeutung der Geschlechtszugehörigkeit vorangetrieben hat. Erst durch die Untersuchung der Kategorie Gender wurden eine kritische Auseinandersetzung mit dem Begriff Geschlecht und die Unterscheidung zwischen biologischem und sozialem Geschlecht möglich.

Mittlerweile hat sich Gender, ausgehend von der Soziologie auch in anderen Wissenschaftsbereichen als Forschungsgegenstand etabliert. Heute geht es in den westlichen Industrienationen dabei nicht mehr allein um die Aufdeckung kulturell definierter Geschlechterrollen, sondern um die Frage der Entstehung und Rechtfertigung von Hierarchien, von Wertmaßstäben, von Unterscheidungskriterien und den öffentlichen und privaten Folgen daraus für die Frauen und Männer einer Gesellschaft, welche Geschlechter ungleich behandelt.

In der Darstellung der Zusammenhänge zwischen Gender, Kommunikation und Karriere fällt im Kontext wiederholt eine Reihe von Schlüsselbegriffen. Damit die Beschreibung der Karrierephänomene und die Argumentationen verständlich werden, werden nachfolgend wesentliche Begriffe und Konzepte in alphabetischer Reihenfolge erläutert.

Chancengleichheit in der Arbeitswelt besteht dann, wenn keine Person durch gesetzliche Regelungen und informelle Regelungen an der Wahrnehmung ihrer Chancen in der Arbeitswelt gehindert wird. Gleichheit ist nicht von formalen Voraussetzungen her begreifbar, sondern vom substantiellen Ergebnis. Nur wenn eine repräsentative Gleichheit aller gesellschaftlich relevanten Gruppen in der Arbeitswelt erreicht ist, besteht Chancengleichheit.

Diskriminierung ist ein soziales Phänomen, das durch ein bemerkenswertes Beharrungsvermögen gekennzeichnet ist. Weltweit neigen menschliche Gesellschaften unter bestimmten Bedingungen mehr oder weniger dazu, auf die Vielfalt der Menschen hinsichtlich ihrer Ethnie, Religion, sexuellen Orientierung, ihres Alter, Gesundheits- und Behinderungsstatus und Geschlechts mit Vorurteilen zu reagieren und Unterschiedlichkeit bei diesen Kernmerkmalen als Begründung für die Bevorzugung der eigenen und für die Benachteiligung anderer Gruppen zu nutzen. Das Merkmal Geschlecht hat ein besonderes Diskriminierungspotenzial, da Geschlechtszugehörigkeit leicht zu erkennen ist und weil jeder Mensch ein Geschlecht besitzt.

Diskriminierungen von Gruppen erfolgen unmittelbar und mittelbar durch gesellschaftliche Exklusionsstrategien und soziale Barrieren, die vor allem den Zugang zu Ressourcen und zu Positionen auf dem Arbeitsmarkt erschweren oder ganz verhindern. Durch Exklusionsstrategien ist die Chancengleichheit für Beschäftigung, Bildung, Aus- und Weiterbildung, gesellschaftliche Mitwirkung und Partizipation gefährdet oder fehlt gänzlich. Die Folge von Diskriminierungen sind weitreichende soziale und ökonomische Benachteiligungen von Gruppen, Gerechtigkeitsdefizite, soziale Spannungen und hohe sozioökonomische Kosten. Als Schutz vor gesellschaftlicher Diskriminierung und für die Entwicklung einer wirtschaftlich leistungsfähigen und zukunftsfähigen Gesellschaft sieht die europäische Politik Antidiskriminierungsrichtlinien und Gleichbehandlungsrichtlinien vor.

Doing gender oder das Geschlecht „tun" meint, dass anders als im Alltagsverständnis, nach dem die natürliche Zweigeschlechtlichkeit (Frau/Mann-Klassifikation) eine unveränderliche Größe ist, Geschlecht sozial konstruiert und historisch, kulturell und individuell variabel ist. Geschlecht wird in Interaktionsprozessen immer wieder hergestellt, konstruiert und inszeniert (z.b. durch Kleidung und Frisuren, Sprechweisen usw.) und ist nicht einfach aus der biologischen Ausstattung eines Menschen abzuleiten (ein Beispiel sind die sogenannten albanischen Mannfrauen, auch Schwurjungfrauen genannt, die unter Aufgabe jeglicher sexueller Beziehungen die Rolle als Mann und Familienoberhaupt übernehmen).

Gender bezeichnet das „soziale Geschlecht", Vorstellungen von „Männlichkeit" und „Weiblichkeit" und die Verhaltensvorschriften, Geschlechterrollen und geschlechtstypischen Erziehungsprogramme, die eine Gesellschaft für Frauen und Männer definiert und praktiziert.

Genderbias: Bias bezeichnet einen systematischen Verzerrungseffekt aufgrund von Vorurteilen, der benachteiligende Wirkungen hat. Genderbias bezieht sich speziell auf geschlechterspezifische Verzerrungseffekte im Hinblick auf Unterschiedlichkeiten von Frauen und Männern und reproduziert geschlechterbezogene Benachteiligungen.

Genderkompetenz im Personalmanagement ist die Fähigkeit, die Anforderungen der Praxis für ein geschlechtergerechtes Personalmanagement zu erkennen und die Erkenntnisse umzusetzen.

Für Genderkompetenz genügt es nicht, Mann oder Frau zu sein, sondern sie setzt die Sensibilisierung für die sozialen Geschlechterverhältnisse und deren Auswirkungen im Beruf und in der Lebensführung sowie die Reflexion der nachteiligen Folgen von Geschlechterstereotype voraus. Um Personal und Organisation genderkompetent zu entwickeln und zu managen, sind geschlechtstypische Lebenslagen, Präferenzen, Kompetenzen, Potenziale und Ressourcen von Frauen und Männern bei der Gestaltung von Personalmanagementinstrumenten zu berücksichtigen. Die Umsetzung in der Praxis wird als *Gendermanagement* bezeichnet. Gendermanagement ist ein Bestandteil der sozialen Kompetenz und bildet die Grundlage zur Führung der Personalvielfalt.

Genderlogik in Organisationen bezeichnet Einstellungen und Haltungen, die Prozesse, Personalbeurteilungen, Leistungs- und Potenzialbewertungen, Entscheidungen, Handlungen und Chancen am Stereotyp Männlichkeit und an maskulinen Zielsetzungen, Interessen und Lebenslagen ausrichten. Eine maskuline Genderlogik benachteiligt Frauen im Beruf.

Genderpotenziale sind geschlechtstypische Kompetenzen (z.B. Kommunikationsfähigkeit), geschlechtergebundenes Wissen (z.B. Hausarbeits-Know-How) und geschlechtstypische Motivationen und Interessen, für die zwischen Frauen und Männern aufgrund von Sex und Gender statistisch signifikante Mittelwerts-unterschiede nachweisbar sind.

Geschlechterforschung ist eine wissenschaftliche Disziplin, die sich mit Geschlechtsunterschieden und den gesellschaftlichen Auswirkungen von Sex und Gender auf Chancengleichheit befasst.

Geschlechterrolle bezeichnet die Summe der geschlechtstypischen stereotypen Erwartungen an Frauen und Männer und typische Zuständigkeiten in der Arbeitswelt und im Privatleben sowie geschlechtstypische Zuordnungen zu Aufgaben und Positionen. Das Geschlecht ist ein wesentlicher Bestandteil der persönlichen Identität. Die Entwicklung einer Identität ist ein lebenslanger Prozess mit entscheidenden Prägungsphasen in Kindheit, Pubertät, Adoleszenz und im frühen Erwachsenenalter. Jeder Mensch wird in eine Gesellschaftsform hineingeboren, durch sie sozialisiert und verinnerlicht dadurch die Normen der sozialen Umwelt und ihres vorherrschenden Wertesystems. Zwar verläuft jede Sozialisation individuell, doch gibt es, besonders hinsichtlich späterer Erwartungen bezüglich des Verhaltens von Frauen und Männern, wirksame Gender-Normen, die wiederkehrend typische Verhaltensmuster hervorbringen. Damit werden vorgegebene Geschlechterrollen erlernt, verinnerlicht und in die eigene Identität nachhaltig und oft unbewusst integriert. In der Folge entstehen geschlechterstereotype Verhaltensmuster, die Frauen bzw. Männern überindividuell als „typisch" zugeordnet werden. Diese Gender-Rollen sind Ergebnisse kultureller Genderprogramme mit geschlechtstypischen Verhaltenserwartungen, die bei Individuen Männlichkeit und Weiblichkeit ausprägen. In modernen Gesellschaften, die sich durch ein erhöhtes Ausmaß an sozialer Differenzierung auszeichnen, lösen sich herkömmliche Geschlechterrollen immer mehr auf. Auslöser hierfür sind oft Unvereinbarkeiten zwischen Rolleninhalten und der realen Lebenssituation von Menschen, die zu schwerwiegenden Rollenkonflikten führen können, z.b. in geschlechtstypisierten Berufen. Frauen zeigen im Berufsleben ein stärkeres Konflikterleben als Männer (Rustemeyer/Thrien 2001).

Geschlechterstereotype sind normative Definitionen von Weiblichkeit und Männlichkeit und schreiben Frauen bzw. Mädchen und Männern bzw. Jungen aufgrund ihrer erkennbaren Geschlechtszugehörigkeit bestimmte Eigenschaften und Verhaltensweisen zu, die als „natürlich" wahrgenommen werden. Die Stereotype sind dabei nicht nur komplementär, sie vermitteln oft auch eine implizite hierarchische Wertung. Stereotyp männliche Eigenschaften, Verhaltensweisen und Fähigkeiten sind meist positiv konnotiert oder höher bewertet als stereotyp weibliche.[3]

Merkmale, die häufiger mit Frauen assoziiert werden, werden mit *Expressivität* in Verbindung gebracht, die, die häufiger mit Männern assoziiert werden mit *Instrumentalität* (vgl. Eckes 2004, S. 166). Zum Beispiel werden

- Frauen stereotypisiert als emotional, gefühlvoll, abhängig, verletzlich, passiv, schwach, unterlegen, sanft, mütterlich, intuitiv, unwissend, verführerisch oder eitel
- Männer als überlegen, stark, aggressiv, vernünftig, dominierend, mutig, ehrgeizig, entschieden, zurückhaltend, bestimmt, logisch, unabhängig und rau.[4]

Die Entwicklung von Geschlechterstereotypen steht in engem Zusammenhang mit dem Entwicklungs- und Sozialisationsprozess eines Individuums. Während in den 1980er Jahren eher deterministische Vorstellungen einer sozialisationsbedingten Geschlechterdifferenz, wonach Mädchen und Jungen also unterschiedlich sozialisiert werden (Bilden 1980; 1991), präferiert wurden, wird Sozialisation heute eher als „Entwicklung im Kontext" (Nestvogel 2004, S. 155) betrachtet. „Bipolare biologische und soziale Geschlechtscharaktere-Konzepte (...)

---

3   Vgl. www.gender-mainstreaming.net/gm/Wissensnetz/instrumente-und-arbeitshilfen,did=16604.html (Abruf am 12. Juli 2010).
4   Vgl.   www.gender-mainstreaming.net/gm/Wissensnetz/instrumente-und-arbeitshilfen,did=16604.html (Abruf am 12. Juli 2010).

wurden durch Androgyniekonzepte, Transsexualitätsforschung und Nachweise, dass auch das biologische Geschlecht ein Konstrukt ist, in Frage gestellt" (a.a.O., S. 157) und vielmehr das prozesshafte, dynamische und relationale des *doing gender/undoing gender* in den Mittelpunkt gestellt. Nichtsdestotrotz gelten Geschlechterstereotype als weitgehend invariant und über lange Zeit stabil.

Nach Eckes (2004) tragen (Frauen)Stereotype zur Aufrechterhaltung der Geschlechterhierarchie und Diskriminierung von Frauen bei. Er unterscheidet in diesem Zusammenhang zwischen traditionellem Sexismus, der durch die stereotypkonforme Betonung von Geschlechtsunterschieden, den Glauben an eine Minderwertigkeit von Frauen sowie die Befürwortung der traditionellen Geschlechterrollen gekennzeichnet ist und modernem Sexismus (Neosexismus), der sich auf die Leugnung der fortgesetzten Diskriminierung von Frauen bezieht. Auch positive, wohlmeinende, sogenannte benevolente Einstellungen sind demnach sexistisch, da sie nur traditionelles Rollenverhalten belohnen (a.a.O., S. 170f.).

Handlungsfähigkeit ist als theoretisches Konstrukt ein Schlüsselbegriff in unterschiedlichen Wissenschaftsdisziplinen. Als soziologisches Konzept bezeichnet es die Schnittstelle zwischen Individuum und Gesellschaft, die sich auf Entscheidungsprozesse und die Gestaltungsmacht im individuellen Handeln von Menschen bezieht (Giddens 1988; Bourdieu 1976). Im Kontext von Berufskarrieren bedeutet Handlungsfähigkeit, diese ergebnisorientiert zu planen und zu managen, dabei Aufstiegschancen wahrnehmen und Kompetenzen entwickeln zu können wie auch im weiteren Karriereverlauf Gestaltungsmacht und Entscheidungsfreiheiten bei der Wahrnehmung von Aufgaben zu besitzen. Speziell auf die Berufskarriere von Frauen bezogen, bedeutet Handlungsfähigkeit darüber hinaus frauendiskriminierende Aufstiegsbarrieren und Karriererestriktionen bewusst wahrzunehmen und zu reflektieren, um ggf. gezielte Strategien dagegen zu setzen oder auch um Förderungsmaßnahmen (z.B. Mentoring) zu nutzen.

Inklusion/Exklusion ist ein Begriffspaar, das Prozesse sozialer Zugehörigkeit und Teilhabe bzw. der Ausgrenzung und gesellschaftlichen Ausschlusses bezeichnet.

Managing Diversity: Die Unterscheidung von Menschen in „männlich" und „weiblich" basiert auf den biologischen und sozialen Kriterien von Sex und Gender. Gesellschaften nutzen weitere geschlechtsunabhängige Unterscheidungsmerkmale wie ethnische Herkunft, Alter oder Familienstand für die Feststellung der Gruppenzugehörigkeit ihrer Mitglieder. Diversität bedeutet Vielfalt. Die Vielfalt von Menschen verlangt es, unabhängig vom Geschlecht in der Arbeitswelt auch ihre Individualität in Strukturen und Prozessen zu berücksichtigen, damit sie uneingeschränkt im Arbeitsmarkt beschäftigt werden und sich entwickeln können. Frauen, Minoritäten und Personen mit Migrationshintergrund werden in Zukunft insbesondere wegen des zu erwartenden Fachkräftemangels einen zunehmenden Anteil der Beschäftigten auf dem Arbeitsmarkt ausmachen. Es gibt daher eine zunehmende Bereitschaft in der Arbeitswelt, eine multikulturelle flexible Organisationskultur zu entwickeln, die der Vielfalt der Interessen, Kompetenzen und Bedürfnissen der diversen Gruppen von Beschäftigten entspricht. Gender Mainstreaming und das Management von Diversität und von Individualität ergänzen sich im Zusammenhang mit Chancengleichheit.

Quotierung bezeichnet die bevorzugte Behandlung von diskriminierten Minderheiten bei der Vergabe von Ausbildungs- und Arbeitsplätzen, Stipendien, Ämtern oder Funktionen. Formale Chancengleichheit reicht offenbar nicht aus zur Vermeidung von geschlechterbezogenen Diskriminierungen; daher gibt es Frauenquoten zum Beispiel in Parteien.

Sex bezeichnet das „biologische Geschlecht", die unterschiedliche genetische, physiologische und morphologische Ausstattung von Männern und Frauen.

Transgender ist ein Oberbegriff für Menschen, die sich nicht in den Kategorien „weiblich/männlich" festlegen (lassen) wollen, von der ihnen zugewiesenen Geschlechtsrolle abweichen und/oder ihre Geschlechtsrollen wechseln (dazu gehören z.B. Cross-Dresser, Transsexuelle, Intersexuelle). Grundsätzlich sind Transgender unabhängig von bestimmten sexuellen Orientierungen, haben Geschlechtsidentität und Sexualität wenig miteinander zu tun. Anders als in Deutschland gibt es in manchen Kulturen spezifische soziale Rollen für Menschen, die sich ihrer ursprünglichen Geschlechtsrolle nicht zugehörig fühlen. In diesem Zusammenhang international bekannt sind die indischen *Hirjas*.

3 Theoretische Perspektiven auf Frauen in Berufskarrieren

Die Chancengleichheitsdebatten, die zur europäischen Gleichstellungspolitik führten, haben nur begrenzt Erfolg in der realen Arbeitswelt. Die Exklusion der Frauen von hohen und höchsten Ebenen der Organisationen zeigt das Umsetzungsproblem der politischen Gleichstellungsagenda an. Die Transformation des traditionellen Gendersystems stagniert, nicht zuletzt deshalb, weil die Gleichstellungspolitik der Einfachheit halber opportunistisch auf praktikable Maßnahmen zur Inklusion von Frauen statt auf konzeptionelle Qualität setzt und damit mögliche Veränderungseffektivität reduziert.

Tragfähige und nachhaltige Veränderungsprozesse setzen theoretische Kenntnisse, das Verständnis des Zusammenhangs zwischen dem unbalancierten gesellschaftlichen Gendersystem, Gender als einer individuellen sozialen Erfahrung und der Handlungsfähigkeit von Frauen in Organisationen und Karriereoptionen voraus. Dazu werden diskutable Theorieperspektiven im Folgenden skizziert.

3.1 Übersicht über feministische Theorieansätze

Feminismus ist ein heterogener Begriff, unter dem verschiedene theoretische und politische Strömungen zur Erklärung der gesellschaftlichen Ungleichheit von Frauen und Männern zusammengefasst sind und die Analyse der Unterordnung der Frau in den Mittelpunkt gestellt wird. Schon in der Aufklärung setzten sich frühe feministisch orientierte Autorinnen wie Mary Wollstonecraft und Olympe de Gouges für die Idee der Gleichheit und die Rechte der Frauen ein. Ab Mitte des 19. Jahrhunderts formierte sich in den westlichen Ländern die erste Frauenbewegung, die in eine bürgerliche und eine proletarische Frauenbewegung gespalten war und mit Namen wie Hedwig Dohm oder Clara Zetkin verbunden ist. Die Frauen der ersten Frauenbewegung kämpften für gleiche Rechte, das Frauenwahlrecht, den Zugang von Frauen zu Universitäten sowie allen Berufen und Ämtern und gleichen Lohn für gleiche Arbeit. In der zweiten Hälfte des 20. Jahrhunderts entstand im Zuge der Studentenbewegung die zweite Frauenbewegung, die sich neben Forderungen nach Chancengleichheit für Frauen in Bildung und Beruf besonders für die sexuelle Selbstbestimmung der Frau und gegen Gewalt gegen Frauen stark machte. Patriarchats- und Herrschaftskritik wurde zum zentralen Gegenstand feministischer Analysen. Feministische Theoretikerinnen identifizierten bestimmte Muster der Frauenunterdrückung, die ihrer Ansicht nach nahezu universell auftraten und die Gruppenerfahrung von Frauen im Unterschied zu Männern über alle Ethnien, Klassen und Kulturen hinweg ausmachten: Politische Unterdrückung, Zuweisung zur Hausarbeit und

Fürsorgearbeit, bestimmte Körpererfahrungen (wie Schwangerschaft, Geburt, Stillen, Menstruation), Opfer von männlicher Gewalt werden zu können (Vergewaltigung. sexuelle Belästigung, Missbrauch) (vgl. Donovan 2001).

Die Unterscheidung in *sex* und *gender* war konstituierend für die feministische Theoriebildung der 1970er Jahre (Oakley 1972; Rubin 1975; Kessler/McKenna 1978), Gender wurde *die* zentrale Analysekategorie in Theorie und Forschung. Bereits 1949 (dt. 1951) hatte de Beauvoir ihr wegbereitendes Werk „Das andere Geschlecht" veröffentlicht, das mit der zentralen These, dass Geschlecht sozial konstruiert sei zu einem der Hauptwerke des modernen politischen Feminismus avancierte. In den folgenden Debatten um die soziale Konstruktion von Geschlecht ging es darum, Geschlechtszugehörigkeit nicht mehr als naturgegeben zu begreifen, sondern jene sozialen Prozesse in den Blick zu nehmen, in denen Geschlecht (interaktiv) hervorgebracht und reproduziert wird, das *doing gender*. Zunehmend in Frage gestellt wurde die sex-gender-Dichotomie dann in den 1990er Jahren im Zusammenhang mit dem Paradigmenwechsel postmoderner Theorien und der Fokus nunmehr auf die symbolisch-kulturelle Produktion von Gender verlagert bis hin zur Dekonstruktion von sex und gender. Zusammengefasst verliefen die Diskussionen des Genderkonzeptes innerhalb akademischer Zirkel und in Teilen der Frauenbewegung entlang folgender Theoreme:

- Frage nach Gleichheit oder Differenz von Frauen und Männern
- soziale/kulturelle Konstruktion von Geschlecht/*doing gender*
- Unterschiede/Differenzen zwischen Frauen
- Infragestellung der sex/gender Dichotomie
- Dekonstruktion der Kategorie Geschlecht.

Eine zeitgemäße Definition von Feminismus kommt beispielsweise von Hennessy (2003, S. 155 zit. n. Degele 2008, S. 40):

„Feminismus lässt sich als Ensemble von Debatten, kritischen Erkenntnissen, sozialen Kämpfen und emanzipatorischen Bewegungen fassen, das die patriarchalen Geschlechterverhältnisse, die alle Menschen beschädigen, und die unterdrückerischen und ausbeuterischen gesellschaftlichen Mächte, die insbesondere Frauenleben formen, begreifen und verändern will."

Theorie und Forschung zu Frauen und Gender wurde in der Hauptsache von Frauen bzw. feministischen Forscherinnen entwickelt und in die Hochschulen und Öffentlichkeit getragen. Weit verbreitete Theorien sind liberaler Feminismus, radikaler Feminismus, Marxistischer und sozialistischer Feminismus, Differenztheorie und schwarzer bzw. postkolonialer Feminismus sowie postmoderner Feminismus. Heute findet man zudem eine wachsende Zahl an Studien zu Maskulinität, die den Genderansatz komplettieren. Diese Ansätze der kritischen Männerforschung zeichnen sich ebenfalls durch diverse theoretische Perspektiven und Methodologien aus (Kimmel/Hearn/Connell 2005). Als wegweisend in diesem Zusammenhang gilt Connells (1999) Konzept der hegemonialen Männlichkeit, das die Pluralität und Hierarchie verschiedener Männlichkeiten thematisiert und das Connell im Jahr 2005 zusammen mit Messerschmidt rekonzeptualisierte.

Sowohl über die Ursachen der Ungleichheit der Geschlechter als auch über Wege zu deren Überwindung herrscht in den feministischen Theorien Uneinigkeit, die Trennung zwischen Gleichheits- und Differenzfeminismus ist ein zentrales Unterscheidungsmerkmal innerhalb der unterschiedlichen feministischen Ansätze, wie auch die Unterscheidung in modernistisch und postmodernistisch. Bendl et al. (2007) schließlich unterscheiden Ansätze der Geschlechtertheorie danach, ob ihnen ein Gleichheits-, Differenz- und Transformationsparadigma zugrunde liegt.

3.1.1 Gleichheitsperspektive

Liberaler Feminismus

Als älteste feministische Theorie ist der liberale Feminismus die Grundlage des modernen Feminismus. Er bildete sich im Zuge des Humanismus und der Aufklärung heraus und steht im Zusammenhang mit Ideen wie der Fähigkeit des Menschen zu Vernunft und Rationalität sowie von Freiheit, Selbstbestimmung und gleichen (individuellen) Rechten. Der liberale Feminismus folgt der Grundannahme der Zweigeschlechtlichkeit, betont die Gleichheit von Frauen und Männern und kämpft im Rahmen der bestehenden Ordnung mit Hilfe von Gesetzen bzw. der Gesetzgebung für die Gleichberechtigung der Geschlechter in allen gesellschaftlichen Bereichen. Ein wichtiger Impuls für den modernen liberalen Feminismus ging von Betty Friedans (1963/dt. 1966) Buch "Der Weiblichkeitswahn" aus. Friedan analysiert darin die Lebenssituation von Hausfrauen der Mittelklasse in amerikanischen Vorstädten, ihre Unzufriedenheit und ihr Unglücklich-sein mit der Beschränkung auf die häusliche Sphäre und ihre Rolle als Hausfrau und Mutter aufgrund eines „Weiblichkeitswahns". Friedan glaubte wie de Beauvoir, dass die Berufstätigkeit Frauen aus ihren einengenden Lebenssituationen befreien könne.

Aktuell findet man Ideen des liberalen Feminismus umgesetzt im Konzept des Gender Mainstreamings, das weltweit als politische Strategie zur Überwindung der Ungleichheit der Geschlechter anerkannt ist. In vielen Staaten, Staatenverbünden oder politischen Organisationen (Europäische Union, United Nations u.a.) wird die Gleichstellung der Geschlechter unter Berücksichtigung der unterschiedlichen Lebenssituationen von Frauen und Männern durch Gender Mainstreaming gefördert und vorangetrieben (vgl. Kapitel 3.2).

Marxistischer und sozialistischer Feminismus

Marxistische und sozialistische feministische Ansätze verbinden Klassenanalysen und Gender und richten den Blick darauf, wie die geschlechtsspezifische Arbeitsteilung die Geschlechterbeziehungen konstituiert. Während marxistische Autorinnen in der Klassenzugehörigkeit die Hauptursache für die Unterdrückung von Frauen sehen, also nicht im Patriarchat, sondern im Kapitalismus, tendieren sozialistische Feministinnen dazu, einen eher gleichstarken Einfluss von Patriarchat und Kapitalismus anzunehmen.

Der marxistische-feministische Ansatz berücksichtigt Unterschiede zwischen Frauen – ob Frauen der besitzenden oder der proletarischen Klasse angehören, mache einen Unterschied. Frauen der Arbeiterklasse haben demnach mehr mit Männern der Arbeiterklasse als mit Frauen der herrschenden Klasse gemeinsam. Sozialistische Feministinnen halten den marxistischen Deutungsrahmen für nicht ausreichend zur Analyse der Unterdrückung und integrieren daher Erkenntnisse des Radikalfeminismus in ihre Arbeiten. Phänomene der Frauenunterdrückung wie Gewalt gegen Frauen oder Vergewaltigung lassen sich diesem Ansatz nach nicht allein durch kapitalistische Produktionsverhältnisse erklären, zumal Frauenunterdrückung auch in sozialistischen bzw. nichtkapitalistischen Gesellschaftssystemen existiert. Für sie sind die marxistischen Kategorien geschlechterblind und nicht geeignet, Sexismus zu analysieren – das könne nur eine feministische Analyse leisten.

Ein zentraler Kritikpunkt am liberalen sowie marxistischen Feminismus betrifft die starke Ausrichtung an der öffentlichen und die Vernachlässigung der privaten Sphäre, so dass bestimmte Formen der Unterdrückung von Frauen – wie Vergewaltigung in der Ehe und häusliche Gewalt in den Familien – tendenziell ausgeblendet bleiben. Eine weitere Kritik an der Gleichheitsperspektive bezieht sich darauf, dass Frauen sich lediglich männlichen Normen und Werten anpassten.

3.1.2 Differenzperspektive

Radikaler Feminismus

Radikalfeministinnen lehnen den Gleichheitsgedanken in gewisser Weise ab und wehren sich gegen die Anpassung an männliche Normen. Im Gegensatz zum liberalen betrachtet der radikale Feminismus die sexuelle Unterdrückung von Frauen und männliche Gewalt gegen Frauen als die fundamentalen Unterdrückungsformen des Patriarchats. Während alle modernistischen Theorien den Begriff Patriarchat anwenden, bezieht er sich im Radikalfeminismus auf ein Herrschaftssystem, das alle Aspekte des sozialen Lebens betrifft und das in allen Kulturen und durch die gesamte Geschichte hindurch zu finden ist (Millett 1970; Daly 1980; Lerner 1991). Aus Sicht einer radikal-feministischen Perspektive ist patriarchale Unterdrückung die vorherrschende Form von Unterdrückung noch vor – zum Beispiel – Klassenunterdrückung (Firestone 1971; Millett 1970; Daly 1980; Lerner 1991; 1993). Radikal-feministische Analysen beruhen auf der Annahme einer grundsätzlichen Polarität zwischen Frauen und Männern, wobei Männer Frauen für ihre Zwecke unterdrücken und ausbeuten. Radikalfeministinnen beschäftigen sich vorwiegend mit der Sexualität von Frauen, der patriarchalen Kontrolle ihrer Reproduktionsfähigkeit und ihres Körpers, der Gewalt gegen Frauen und ihrer sexuellen Ausbeutung (MacKinnon 1989). Sex, Sexualität und Reproduktion sind für radikale Feministinnen politische Themen, was in dem Slogan „das Private ist politisch" seinen Ausdruck fand und kennzeichnend für die autonome Frauenbewegung wurde. Im weiblichen Körper wird sowohl die Ursache der Frauenunterdrückung als auch die Basis einer positiven Unterscheidung der Frauen von Männern gesehen. Männer werden als die Gegner von Frauen wahrgenommen und Frauen ihnen gegenüber als die moralisch höher Stehenden (Differenzfeminismus). In der frauenzentrierten Perspektive stehen weibliche Erfahrungen und Werte, Beiträge von Frauen, steht Weiblichkeit im Zentrum des Interesses. Eine solche Perspektive führte in den 1970er und 1980er Jahren zum Auf- und Ausbau frauenspezifischer Gegenkulturen (Frauencafés, Frauenbuchläden, Frauencamps etc.).

Hauptkritikpunkte gegen den Radikal- oder Differenzfeminismus beziehen sich auf seine A-Historizität, seinen Universalismus und Essentialismus bzw. Biologismus sowie seine reduktionistische Erklärungen.

3.1.3 Transformationsperspektive
Schwarzer Feminismus und postkoloniale Kritik

In Kritik der und Abgrenzung zur westlichen feministischen Theoriebildung und beeinflusst durch postmodernistische Theorien wurde *Differenz von Frauen* zum Schlüsselkonzept von Feministinnen in Ländern der sog. Dritten Welt, von schwarzen Feministinnen bzw. *women of colour*, die neben dem Geschlecht weitere Unterdrückungskategorien wie Rassismus, Klasse, sexuelle Orientierung, Nationalität, Religionszugehörigkeit, Behinderung u.a. theoretisieren und damit den Unterschied *zwischen* Frauen. Vor allem afro-amerikanische US-Feministinnen (Spelman 1988; Davis 1981; Collins 1990) weisen die Auffassung weißer Feministinnen zurück, dass Sexismus eine grundlegendere Diskriminierungserfahrung sei als Rassismus, da dies nicht die Erfahrung schwarzer Frauen wiederspiegelt. Eine Frau und *schwarz* zu sein, sei eine qualitativ andere

(Unterdrückungs-)Erfahrung als eine Frau und *weiß* zu sein (vgl. Spelman 1988). Analysen westlicher Feministinnen wurden als weißer Mittelschichtfeminismus kritisiert, als zu simplizistisch, insbesondere die Auffassung, dass *alle* Frauen Opfer männlicher Unterdrückung und diskriminierend wirkender traditioneller Praktiken seien, zurück gewiesen. Das Zusammenwirken von Gender mit anderen Ungleichheitsformen führte zu der Frage, ob es eine Hierarchie der Unterdrückung gäbe (Spelman 1988); Minh-ha 1989; Collins 1990; hooks 1992; Narayan 1997; Mohanty 2004). Dabei addieren sich die verschiedenen Diskriminierungsformen aber nicht einfach in einer Person, sondern führen zu eigenständigen Diskriminierungserfahrungen, jeder Diskriminierungsfaktor bringt hierarchisch strukturierte Differenzformen in einer historisch-, sozial- und kulturspezifischen Weise hervor *(Differenzlinien)*. Die Überschneidung verschiedener Diskriminierungsformen wurde mit dem Begriff der *Intersektionalität* (Crenshaw 1989; 1991) beschrieben und in der *Intersektionalitätstheorie* aufgegriffen.

Die Transformationsperspektive weist die Annahme der natürlichen Zweigeschlechtlichkeit zurück und untersucht, *wie* Geschlechterunterschiede diskursiv reproduziert werden. Zu unterscheiden sind der *doing gender*-Ansatz und postmoderne Perspektiven. Während sich der *doing gender*-Ansatz mit Geschlechterkonstruktionen in sozialen Interaktionen auf der Mikroebene befasst, richtet der postmoderne Feminismus seinen Blick auf die symbolische Ordnung, die Ebene der Diskurse und Texte und propagiert die Anerkennung multipler Differenzen (vgl. Bendl *et al.* 2007, S. 43; S. 45).

Doing gender

Das Konzept des *doing gender* (West/Zimmermann 1987) ist ein Synonym für die Perspektive der sozialen Konstruktion von Geschlecht (Gildemeister 2004, S. 132), wonach Geschlecht bzw. Geschlechtsidentität und Geschlechtszugehörigkeit in sozialen Prozessen/ Interaktionen (re)produziert wird. Man hat nicht einfach ein Geschlecht, sondern stellt es immer wieder her: „Im alltäglichen *Doing Gender* wird die Geschlechterdifferenz dadurch erzeugt, dass die Handelnden sich kontinuierlich zu Frauen und Männern machen und machen lassen" (Bendl *et al.* 2007, S. 47). Mit dem Konzept wird der „heimliche Biologismus" (Gildemeister 2004, S. 133) der sex/gender Unterscheidung überwunden. Der Ansatz untersucht nicht Unterschiede zwischen den Geschlechtern, sondern *Prozesse der Unterscheidung* (a.a.O., S. 136; kursiv i. O.) mit dem Ziel, geschlechterstereotype Handlungen und Zuschreibungen aufzudecken (Bendl *et al.* 2007, S. 48).

Nach West/Zimmermann (1987, S. 137) ist „das Tun von Geschlecht" unvermeidbar, Hirschauer (1994) hingegen hält auch ein *undoing gender* für möglich, da es je nach Kontext unterschiedliche Grade der Relevanzsetzung von Geschlecht gäbe (also eine Art Irrelevanz von Geschlecht in bestimmten Kontexten; vgl. Hirschauer 1994; 2001). 1995 relativierten West/ Zimmerman ihr Konzept des *doing gender* zugunsten des *doing difference,* da sie nun davon ausgingen, dass andere soziale Differenzkategorien (beispielsweise *race* oder Klasse) primär relevant gesetzt werden können.

Postmoderner Feminismus

Das postmoderne Denken verwirft die Paradigmen der Moderne wie u.a. die Existenz eines stabilen kohärenten Selbst, die Vorstellung objektiven Wissens sowie von Vernunft und Zweckrationalität, Große Theorien und Meta-Erzählungen, Universalismus, Repräsentationen (Flax 1990). Stattdessen wendet sich Postmodernismus kritisch gegen Festschreibungen jedweder Art und bedient sich methodisch der Diskursanalyse, des Dekonstruktivismus und des Poststrukturalismus. Während die Kategorie „Frau" die Grundlage und sozusagen das Herzstück feministischer Analysen modernistischer Prägung ist, stellen postmodernistisch orientierte Feministinnen die Geschlechterkategorisierung in Frage bzw. lehnen sie ab. Beeinflusst von der Philosophie der Postmoderne (Lyotard) und des Poststrukturalismus (Derrida, Foucault, Lacan, Cixous) werden Sprache/Sprechakte und symbolische Ordnungen in den Mittelpunkt gestellt, was mit dem Begriff *linguistic turn* bezeichnet wurde. Postfeministinnen gehen davon aus, dass man sich nicht auf eine vorsprachliche Geschlechterordnung berufen könne, sondern Geschlechter in den sprachlichen Praktiken erst konstruiert werden, dass also die Annahme von Geschlechtern jenseits begrifflicher Ordnungen nicht möglich sei. Postfeministinnen fragen nicht mehr nach dem „warum" (der Frauenunterdrückung), sondern dem „wie".

Im Rahmen der Geschlechterforschung ist die wohl bekannteste und am meisten diskutierte postmodernistische Theoretikerin und eine der Urheberinnen des *linguistic turns* Judith Butler. Butler (1991) stellt zentrale Kategorien feministischer Theorie wie Subjekt, Frau, Körper, Identität in Frage und entwirft ein *performatives* Modell von Geschlecht, in dem die Kategorien „männlich" und „weiblich" als Produkt einer Wiederholung von Handlungen verstanden werden und nicht als natürlich. Gender ist nunmehr ein kontingentes Konzept, die Polarität männlich-weiblich aufgehoben. Identität ist ein Prozess permanenter *Performanz*,[5] jegliche Geschlechter- und sexuelle Identität wird performativ hergestellt. Butler befürwortet eine spielerische Dekonstruktion der Kategorie Geschlecht, das Subjekt ‚Frau' und ‚weibliche' Identität sind durch pluralistische Konzeptionen von Geschlechteridentität zu ersetzen und schaffen Spielraum für alternative Geschlechtsidentitäten *(queer identities).*

---

5   Performativität/Performanz ist ein Begriff der Sprechakttheorie. Butler verwendet ihn für Zeichen und Sprechakte, die Identität als weiblich oder männlich markieren.

Butlers Arbeiten erfuhren sowohl begeisterte Rezeption als auch heftige Kritik, insbesondere seitens der Radikalfeministinnen, die Butler eine „gefährliche Depolitisierung" (Jeffreys 1996, S. 359 zit. n. Weedon 1999, S. 123) vorwerfen und dass sich ihre Analysen in einem geschichts- und empiriefreien Raum vollzögen (vgl. Villa 2004, S. 150). Für Positionen modernistisch orientierter Feministinnen ist es von Belang, Frauen als eine Interessengruppe mit gemeinsamen Ungleichheits- und Unterdrückungserfahrungen zu begreifen, um für sie gleiche Rechte und Gerechtigkeit einfordern zu können. Daher stehen sie den postmodernen Ideen eines instabilen Selbst, der Aberkennung, dass Frauen bestimmte Erfahrungen teilten und der Abwendung von der politischen Praxis ausgesprochen kritisch gegenüber (Zalewski 2000, S. 63f; Weedon 1999, S. 124).

Queer Theorie

Die Queer-Theorie (engl. queer – dt. schräg, seltsam, komisch) entwickelte sich Anfang der 1990er Jahre in den USA im Kontext der AIDS-Kampagnen sowie in kritischer Fortsetzung lesbischer, lesbisch-feministischer und schwuler Forschungen und Theoriebildungen. Queer Studies konnten sich relativ schnell institutionell etablieren (Hark 2004, S. 106f.; Degele 2008, S. 41ff.). Der Begriff queer, ursprünglich ein Schimpfwort, erfuhr nach und nach eine Rekontextualisierung und positive Umdeutung, de Lauretis (1991) brachte den Begriff in die Wissenschaft ein. In Deutschland erfuhr die Queer Theorie im Zusammenhang mit Butlers Arbeiten Aufmerksamkeit und erste Arbeiten hier schlossen sich ihrer identitätskritischen Perspektive und Kritik der Heteronormativität an. Queer Theorie beschäftigt sich dekonstruktiv oder diskursanalytisch u.a. mit sexuellen Identitäten jenseits der „heterosexuellen Matrix" (z.B. lesbisch sein, schwul sein, transgender), Machtformen und Normen/Normalitäten und will die etablierte gesellschaftliche Ordnung auf den Kopf stellen. Queer erweitert Gender um die Vielfältigkeit von Genderformen und strebt die gleichberechtigte gesellschaftliche Teilhabe (Inklusion) queerer Menschen an (vgl. Czollek/Perko/Weinbach 2009, S. 34).

Kritik am Queer-Ansatz richtet sich auch hier auf eine gewisse Apolitisierung, darauf, dass die Illusion vermittelt werde, Geschlecht sei sozusagen frei wählbar sowie die Überbetonung der Kategorie Sexualität (vgl. Bendl/Walenta 2007, S.73).

3.2 Gender Mainstreaming

Die in der feministischen Theorie so verschieden und teilweise kontrovers diskutierte Geschlechterfrage fand Eingang auch in die politische Praxis. Seit 1980 institutionalisierte sich die Frauenbewegung (z.B. durch die Einrichtung von

Gleichstellungsbüros/-stellen), wurde Frauenpolitik durch Gleichstellungsgesetze und Frauenförderpläne mehr und mehr verrechtlicht. Im Rahmen der Gleichstellungspolitik gibt es mittlerweile drei Strategien, die zeitlich gewissermaßen aufeinander folgten, heute nebeneinander stehen und in unterschiedlichen Bereichen unterschiedlich bevorzugt zur Anwendung kommen, nämlich Frauenförderung, Gender Mainstreaming und Diversity Management (vgl. Schenk 2008, S. 150ff.). Im Folgenden werden Grundzüge des Gender Mainstreaming Konzeptes als eine vielerorts und in vielen Organisationen implementierten Gleichstellungsstrategie vorgestellt (zu Diversity Management vgl. Kapitel 4.6).

Das Konzept Gender Mainstreaming stammt aus der internationalen Frauenpolitik und strebt an, die Geschlechterperspektive zur Leitlinie politischen Handelns zu machen. Gender Mainstreaming geht davon aus, dass es keine geschlechtsneutrale Politik gibt und fragt daher, welche Auswirkungen eine (politische) Entscheidung, Maßnahme u. ä. auf die unterschiedliche Lebenssituation von Frauen und Männern hat. Gender wird somit zur Kategorie mit der Entscheidungsprozesse geprüft werden.[6]

Im Kern ist Gender Mainstreaming sowohl ein *politisches Konzept* als auch ein *Instrument zur Organisationsentwicklung*, das zudem Methoden und Instrumente zur Umsetzung bietet.

Mit dem Amsterdamer Vertrag wurde Gender Mainstreaming 1999 kraft Gesetz (vor allem durch die Artikel 2 und 3) für alle EU-Mitgliedstaaten verpflichtend gemacht und ist von ihnen auf allen politisch-administrativen Ebenen umzusetzen. In Deutschland begann die rot-grüne Bundesregierung unter Kanzler Schröder mit der Implementierung von Gender Mainstreaming auf Bundesebene in Form von Pilotprojekten. Dabei ging es vor allem darum, aus den Ergebnissen übertragbare Vorgehensweisen für ein routinemäßiges, gendersensibles Verfahren für alle Arbeitsvorgänge der Verwaltung zu gewinnen – für die Erstellung und Folgenabschätzung von Gesetzen, für die Entscheidung über Förderungen, Forschungsvorhaben, Grundsatzprogramme und politische Leitlinien sowie für verwaltungsinterne Maßnahmen der Organisation selbst wie Personalentwicklung, Beurteilungsrichtlinien, Organisationsentscheidungen usw. (vgl. www.gender-mainstreaming.net). So gibt es inzwischen eine Reihe von Arbeitshilfen wie beispielsweise „Gender Mainstreaming bei der Vorbereitung von Rechtsvorschriften", „Gender Mainstreaming im Berichtswesen" oder „Gender Mainstreaming bei Maßnahmen der Presse- und Öffentlichkeitsarbeit". Das GenderKompetenzZentrum, ein anwendungsorientiertes Forschungsinstitut

---

6 Der Sachverständigenbericht für den Europarat von 1998 definiert Gender Mainstreaming wie folgt: „Gender Mainstreaming besteht in der (Re-)Organisation, Verbesserung, Entwicklung und Evaluierung der Entscheidungsprozesse, mit dem Ziel, dass die an politischer Gestaltung beteiligten Akteurinnen und Akteure den Blickwinkel der Gleichstellung zwischen Frauen und Männern in allen Bereichen und auf allen Ebenen einnehmen."

an der Humboldt-Universität zu Berlin, begleitet die Umsetzung von Gender Mainstreaming in der Bundesregierung (vgl. www.genderkompetenz.info).

Gender Mainstreaming stellt eine Erweiterung der Frauenpolitik dar, da es die Lebensbedingungen beider Geschlechter verbessern will und nicht nur Lösungen für einzelne konkrete frauenspezifische Problemstellungen wie im Rahmen der Frauenförderung entwickelt, sondern bei *allen* politischen Entscheidungen und EntscheidungsträgerInnen auf *allen* Ebenen ansetzt. Dabei sind insbesondere Führungskräfte aufgefordert, Gender Mainstreaming aktiv umzusetzen. Genau hier eröffnet sich ein Schwachpunkt des Konzeptes: Fehlt es an Interesse bzw. Genderkompetenz bei den Akteuren/innen ist die Wirksamkeit der Strategie maßgeblich in Frage gestellt (vgl. Cordes 2004, S. 716f.).

Ausgangsbasis jeder Gender Mainstreaming Umsetzung ist eine Gender Analyse,[7] die den Handlungsbereich, für den eine Entscheidung getroffen oder in dem eine Maßnahme umgesetzt werden soll im Hinblick auf geschlechtsspezifische Ungleichheiten und Strukturen untersucht. Gender Analysen dienen dazu, verborgene „Vergeschlechtlichungsprozesse" im politisch-administrativen Handeln oder in den Organisationen selbst sichtbar zu machen, dafür überhaupt zu sensibilisieren und, wenn erkannt, geschlechterpolitische Zielsetzungen zu formulieren. Die Gender Analyse bildet also die Basis für die Formulierung von Gleichstellungszielen, die Planung und die Gleichstellungsprüfung von Vorhaben sowie für die Evaluierung der Umsetzung. Zusammengefasst ist Gender Mainstreaming eine Top-Down-Strategie und Führungsaufgabe, die

- beide Geschlechter berücksichtigt und Entwicklungsbedarf nicht ausschließlich bei den Frauen sieht
- darauf abzielt, diskriminierende gesellschaftliche Strukturen, die die Ungleichbehandlung von Frauen und Männern reproduzieren, systematisch zu verbessern
- systematisch mit vorgegebenen Methoden und Instrumenten vorgeht
- eine neue Qualität in politische Maßnahmen bringt, da die vermeintliche Geschlechtsneutralität von Politik in Frage gestellt wird und unbeabsichtigte negative Effekte einer Maßnahme auf die Geschlechter bewusst reflektiert werden
- der Verbesserung von (politischen) Entscheidungsprozessen dient.

---

7   Als geeignete Methoden der Gender-Analyse gelten die 3-R-Methode, eine Bestandsaufnahme zur Anwendung in Organisationen; die Gender-Budget-Analyse, eine Bestandsaufnahme des Haushalts; das Gender-Impact-Assessment (GIA), eine Vorausschau auf mögliche geschlechtsspezifische Effekte einer Maßnahme. Instrumente, die in den verschiedenen Phasen des Umsetzungsprozesses eingesetzt werden können, sind *analytische* (wie Statistiken, Erhebungen, Prognosen, Kosten-Nutzen-Analysen, Forschung) sowie *pädagogische Techniken und Methoden* (wie Schulungen, nachbetreuende Besprechungen, Broschüren, Leitfäden).

Aktuell ist das Konzept des Gender Mainstreamings in der Annahme der Zweigeschlechtlichkeit verhaftet, orientiert sich an Geschlechterstereotypen über Frauen und Männer und hat Überlegungen sowohl der gleichheits- als auch differenztheoretischen Perspektive aufgenommen, die es ermöglichen Chancenungleichheiten aufzudecken und entgegenzuwirken. Damit besteht allerdings die Gefahr, die Zweigeschlechtlichkeit immer wieder zu reproduzieren und festzuschreiben. Angesichts neuer transformativer Konzeptualisierungen ist daher zu fragen, wie diese in den Gender Mainstreaming Ansatz Eingang finden und zu dessen Weiterentwicklung beitragen können.

Im Rahmen der Qualitätsentwicklung von Gender Mainstreaming erörtern Bendl *et al.* (2007) wie die verschiedenen oben skizzierten geschlechtertheoretische Zugänge für den Gender Mainstreaming Ansatz nutzbar gemacht werden können, da je nach Zugang die Implementationsprozesse variieren (a.a.O., S. 35). Neue Impulse stehen im Zusammenhang mit der Transformationsperspektive, die in erster Linie auf die Überwindung des dualistischen und hierarchischen Geschlechterverständnisses und das Hinterfragen selbstverständlich erscheinender Geschlechterrealitäten abzielt. Stattdessen gilt es diskriminierungsreproduzierende institutionelle und organisatorische Strukturen sowie (politische) Prozesse, die die Unterschiede zwischen Frauen und Männern prägen zu untersuchen (und nicht die bestehenden Unterschiede selbst), Konstrukte der Geschlechterrelationen zu reflektieren und zugrunde liegende Geschlechternormen zu hinterfragen. Insgesamt ist Gender Mainstreaming aufgefordert, künftig die Vielfalt und Pluralität von Geschlechterkonzeptionen und -identitäten einzubeziehen (vgl. a.a.O., S. 54ff.). Eine Berücksichtigung speziell der normenkritischen Queer Perspektive „erfordert die unablässige Reflexion von heteronormativen Routinen, sozialen Praxen, Symbolen und Annahmen" (a.a.O., S. 78).

3.3 Feministische Linguistik und queere Sprache

Im Zuge der zweiten Frauenbewegung tauchte das Thema *Sprache und Geschlecht* erstmals auf, Pionierinnen auf dem Gebiet der feministischen Sprachforschung in Deutschland sind Senta Trömel-Plötz und Luise F. Pusch, die das Thema Frauensprache in die Linguistik einführten und sich mit frauenfeindlicher, sexistischer Sprache beschäftigten. Pusch prägte den Begriff der feministischen Linguistik. Beiden Wissenschaftlerinnen schlug anfangs enormer Widerstand entgegen, inzwischen hat sich die sprachliche Gleichbehandlung von Frauen und Männern mehr oder weniger politisch und gesellschaftlich durchgesetzt. Frauengerechte Sprache bezieht sich auf das Sichtbarmachen von Frauen und gleichwertige und gleichberechtigte Benennung von Frauen und Männern

(Trömel-Plötz 2004).[8] Seit Mitte der 1980er Jahre haben sich als Themenschwerpunkte der feministischen Linguistik die feministische Sprachanalyse, d.h. die Analyse des Sprachgebrauchs und der sprachlich transportierten Strukturen und Wertesysteme und die feministische Konversationsanalyse, d.h. die Analyse geschlechtsspezifischer Kommunikationsformen und Sprachnormen herausgebildet.

3.3.1 Feministische Konversationsanalyse

Konversationsanalysen untersuchen das *doing gender* im Gesprächsverhalten/Sprechen im Hinblick darauf, wie Geschlechtszugehörigkeit in den Interaktionen in Handeln und Verhalten übersetzt und damit hervorgebracht wird, um die binäre Differenzierung nach Geschlecht (weiblich/männlich) herzustellen, aufrechtzuerhalten und zu validieren (vgl. Gildemeister 2004, S. 136).

Viele der frühen Untersuchungen stammen aus den USA, besonders bekannt wurden die Arbeiten von Tannen (1991; 1995). Untersuchungen in Deutschland beschäftigten sich häufig mit dem Gesprächsverhalten von Frauen und Männern in öffentlichen Diskussionen, beispielsweise in Fernseh-Talk-Shows (Hummel 1984; Lauper/Lotz 1984; Zumbühl 1984; Kotthoff 1992) oder universitären Zusammenhängen (Aries 1984; Kotthoff 1984). Die Untersuchungen belegen ein signifikant unterschiedliches Gesprächsverhalten von Frauen und Männern. Frauen...

- wählen öfter als Männer Formulierungen, die ihre Aussagen abschwächen
- formulieren ihre Aussagen häufiger als Männer in Frageform
- benutzen öfter als Männer selbstentwertende Formulierungen
- benutzen öfter als Männer indirekte sowie „vermittelnde", das heißt sich auf den Gesprächspartner beziehende Redewendungen
- überlassen es in Gruppen häufiger als Männer ihren Gesprächspartnern, ob diese ein Gesprächsthema aufnehmen und weiterführen
- fluchen seltener als Männer. Die dabei gewählten Ausdrücke sind in der Regel milder
- benutzen insgesamt einen anderen Wortschatz als Männer
- lassen sich öfter als Männer unterbrechen
- gehen häufiger als Männer auf die Argumente des Gegenübers ein
- unterbrechen seltener als Männer ihren Gesprächspartner.[9]

---

8 Die Kritik richtet sich in erster Linie gegen das generische Maskulinum, d.h. gegen grammatisch maskuline Personenbezeichnungen, durch die Frauen „mitgemeint" sein sollen.
9 Vgl. http://de.wikipedia.org/wiki/Feministische_Linguistik (Abruf am 12. August 2010).

Tannen (1991) erfasst das Sprechverhalten von Frauen und Männern als asymmetrisch und beschreibt das Sprechverhalten von Frauen als Beziehungssprache oder bindungsorientiert, das von Männern als Berichtssprache oder status- und kompetenzanzeigend. Welpe und Welpe (2003, S. 115f.) sprechen in diesem Zusammenhang vom referentiellen und konfrontativen Stil.

3.3.2 Queere Sprache

Im Kontext der Queer Theorie erhob sich gleichsam die Frage, wie TransInterQueers, d.h. Menschen, die sich nach ihrer Selbst- oder gemäß Fremdeinschätzung nicht in das binäre Konstrukt „Mann/Frau" einordnen (lassen), im Sprachalltag vorkommen bzw. welche Gegenstrategien und Widerstände es ggf. dafür gibt (vgl. Baumgartinger o. J.). Queere Sprache benutzt Bezeichnungen aus Subkulturen. *Camp* beispielsweise ist eine parodistische Anrede von Männern mit weiblichen Namen und in weiblicher Form und ein Markenzeichen sprachlichen queeren Verhaltens (Kulick 2000).

> „... queers referred to each other with women's names *almost entirely within a queer context in which no heterosexuals were present.* It operated primarily *within queer culture* and functioned to cement the relations within queer culture" (Norton 2002; kursiv i. O.).

Während anfänglich noch von einer mehr oder weniger gemeinsamen Sprache von Schwulen und Lesben ausgegangen wurde, die in schwulen und lesbischen Identitäten ähnlich wie in einer ethnischen Gruppen gründete, verschob sich der Forschungsfokus inzwischen weg von Identitäten hin zu der Frage, wie Sprache benutzt wird, um Subjektpositionen herzustellen. Ziel ist es, Sprache aus ihrer Zweigeschlechtlichkeit zu befreien. Nach Baumgartinger (ebd.) braucht es im Deutschen für die Mit-Erwähnung von Nicht-Männern/Nicht-Frauen neue queere Strategien, wie beispielsweise im Plural gehaltene Texte (eine Strategie, die Feministinnen im Rahmen geschlechtergerechter Sprache durchsetzen konnten). Gleich den feministischen Forderungen nach der Sichtbarmachung von Frauen in der Sprache gilt es nun diesen Raum für die TransInterQueers zu schaffen.

3.4 Bewertung der Theorieperspektiven im Hinblick auf Karriereoptionen von Frauen

Für die unterschiedlichen theoretischen Ansätze lassen sich unterschiedliche Veränderungseffekte für das Gendersystem in Organisationen und auf die Berufskarrieren Frauen annehmen.

1. Die dichotome Differenzperspektive mit einem fixierten Weiblichkeitsstereotyp führt zur normativen Integration .Sie verändert das Gendersystem nicht. Sie sieht Frauen weiterhin in frauentypischen Beschäftigungen und bringt Organisationen dazu, spezifische Karrieremuster für Frauen anzubieten, z.b. familienfreundliche Vereinbarkeitsmodelle, Wiedereinstiegsprogramme („mommy tracks") oder Orientierungscenter für Frauen. Wenn auf diese Weise genügend Frauen in einer Organisation sind, dann ist die vage Hoffnung, dass sich das maskuline Wertesystem von Organisationen verändert.

2. Die These der Maskulinitäts-Anpassung, wonach Frauen sich der dominanten Organisationskultur und ihren Spielregeln für einen Aufstieg in Spitzenpositionen anpassen und ihre Weiblichkeit aufgeben müssen und es so einigen gelingt, Toppositionen zu erlangen, erlaubt die Vorstellung, dass Frauen in Minderheitenpositionen auf den Führungsebenen trotz ihrer Maskulinitätsanpassung mindestens einen symbolischen Veränderungswert haben und zeigen, welche Zutrittsbedingungen das dichotome Gendersystem stellt. Organisationen bieten organisationsangepassten Frauen, sofern sie nicht wie der Großteil als Single und kinderlos lebt, unterstützende Haushalts- und Familienserviceleistungen an. Das Gendersystem und die Organisationspraxis werden damit nicht verändert.

3. Das Patriarchatsmodell, das mit dem System der Unterordnung von Frauen über bewährte und differenzierte organisationale Ausschlusspraktiken gegenüber Frauen verfügt, hält Organisationen strukturell und in Prozessen veränderungsresistent. Gender wird nicht thematisiert.

4. *Das Konzept Gender Mainstreaming* hat das Potenzial, die Vielfalt und Pluralität von Geschlechterkonzeptionen und -identitäten zu berücksichtigen und die Durchsetzung moderner flexibler Genderidentitäten zu befördern. Gender Mainstreaming in Organisationen innoviert Strukturen und Personalprozesse geschlechterfairer. Allerdings bleibt Gender Mainstreaming in der Organisationspraxis immer noch weit hinter den gedanklich möglichen Maßnahmen für postmoderne Karrieren zurück.

4 Berufskarriere, Genderlogik und Chancengleichheit

Berufskarrieren bezeichnen erfolgreiche Berufslaufbahnen, die durch beruflichen Aufstieg gekennzeichnet und an steigendenden sozialen Status und Einkommen sowie Gestaltungsmacht und Entscheidungsfreiheiten gekoppelt sind. Laufbahn- und Karriereentwicklung ist ein „systematischer und kontinuierlicher Prozess der Planung, Realisierung und Kontrolle von Laufbahnen und Karrieren in Organisationen" (Lau 2007, S. 124) und beinhaltet die Kompetenzentwicklung und -erweiterung des Einzelnen. Karriereentwicklung ist verbunden mit:

- Aufstiegs- und Umstiegschancen in attraktive Positionen (berufliches Fortkommen)
- Übernahme von Fach-, Führungs- und Projektverantwortung
- Verbesserung von Einfluss und Ansehen
- Erreichung eines hohen Grades an Selbstverwirklichung durch die Wahrnehmung anspruchsvoller Aufgaben (a.a.O., S. 125).

Der Prozess der Laufbahn- und Karriereentwicklung in Organisationen und Unternehmen bezieht sich auf Positionsfolgen, die Mitarbeiter/innen im Zusammenhang mit Nachfolge- und Besetzungsplanungen auf Basis formaler Qualifikationen, dokumentierter Leistungsbeurteilungen, Zielvereinbarungen und/oder Potenzialeinschätzung sowie ggf. Resultaten aus Assessment-Verfahren, Management-Audits u. ä. zu durchlaufen haben (a.a.O., S. 133). Schematisch verläuft Lau (a.a.O., S. 135f.) zufolge der Prozess der Karriereentwicklung in den Stufen

- Nominierungsprozess
- Qualifizierungs- oder Entwicklungsmaßnahmen
- Beurteilung
- ggf. neue Nominierung.

Ziele der Karriereförderung von Mitarbeiter/innen aus Unternehmenssicht sind:

- Sicherstellung und Erreichung der Unternehmensziele durch leistungsstarke Mitarbeiter/innen
- Sicherung des notwendigen Bestands an Fach- und Führungskräften
- Verminderung der Fluktuation aufgrund fehlender Aufstiegsmöglichkeiten
- Vorbereitung von Mitarbeiter/innen auf andere (höherwertige) Tätigkeiten

- Besetzung freiwerdender Stellen mit eigen Fach- und Führungskräften (a.a.O., S. 125).

Während Männer wie Frauen gleichermaßen aufstiegs- und karrieremotiviert sind (Authenrieth/Chemnitzer/Domsch 1993), werden Karrierechancen auch heute noch stark durch das Geschlecht bestimmt und es existieren speziell für Frauen eine Reihe von Stolpersteinen auf dem Weg nach oben (vgl. Kapitel 4.4). Männer steigen früher, häufiger und höher auf und begreifen Karrieresprünge als Ausweis von Kompetenz. Frauen sind diesbezüglich zurückhaltender („Glück gehabt") und haben die Tendenz auf Gelegenheiten und Angebote zu warten, während Männer Karrieresprünge offensiv und strategisch vorbereiten (vgl. Sinus Sociovision 2010, S. 32ff.; Seeg 2000).

4.1 Welche Karrieren bieten Organisationen und Unternehmen an?

Karrierepfade werden in Führungs-, Fach- und Projektlaufbahnen unterschieden (vgl. Lau 2007, S. 126ff.):

1. Die Führungslaufbahn
... bezeichnet die traditionelle Managementkarriere, d.h. die Beförderung in höherwertige Führungsfunktionen, die mit mehr Verantwortung, Entscheidungskompetenz, Status, Macht und Vergütung verbunden sind.

2. Die Fachlaufbahn
... beruht auf einer stark auf Sachaufgaben bezogenen Motivation zur Arbeit und bezieht sich auf alternatives Aufstiegssystem zur traditionellen Führungslaufbahn, das dazu dient, der Organisation hoch qualifizierte Fachkräfte zu erhalten.

3. Die Projektlaufbahn
... schließlich geht auf die heute exponentiell wachsende Bedeutung von Projektarbeit und Projektmanagement in den betrieblichen Leistungsprozessen zurück und ist ein Laufbahnmodell *sui generis* zwischen Führungs- und Fachkarriere.

Zwar ist das Personalmanagement vieler Organisationen noch immer durch die „industriegesellschaftliche Suprematie von Hierarchie und Führungskarriere" (a.a.O., S. 121f.) geprägt, zugleich aber vollzieht sich die Erosion traditioneller Karriereverständnisse und gewohnter Aufstiegsmuster im Zusammenhang mit sich destabilisierenden Beschäftigungsverhältnissen und brüchiger werdenden Erwerbsbiografien in einer globalisierten (Arbeits-)Welt.

„Sowohl die Organisationsstruktur als auch die soziale und kulturelle Umwelt befinden sich in einem Umbruch, der sich auf Karrieremuster, Qualifikationsstrukturen und individuelle Gestaltungsspielräume erstreckt. Flexibilität, Mobilität und ein lebenslanger Qualifikationsprozess treten an die Stelle von Senioritätsprinzip, betriebsspezifischer Berufserfahrung und sozialen Sicherheitsgarantien" (Goldberg 2002, S. 51).

Im Zuge sich verändernder Unternehmensorganisationen entstehen flachere Hierarchien infolgedessen weniger Führungspositionen zur Verfügung stehen und Beschäftigte einem zunehmenden Konkurrenzdruck unterliegen. So müssen qualifizierte Frauen und Männer auf dem Arbeitsmarkt zunehmend um gleichrangige Positionen konkurrieren – wobei Frauen aufsteigen und Männer ihre Positionen unangetastet lassen wollen (vgl. Pasero 2004).

4.2 Wie und warum unterscheiden sich Männer- und Frauenkarrieren?

Ein entscheidender Faktor für die unterschiedlichen Karrieremöglichkeiten von Frauen und Männern wird im geschlechtsspezifisch segregierten Arbeitsmarkt, d.h. der horizontalen Differenzierung vieler Berufe in Frauen- und Männerberufe wie auch der vertikalen Differenzierung in innerbetriebliche hierarchische Ebenen, gesehen (Kreimer 2002). Dass das Ausmaß der geschlechtlichen Segregation am Arbeitsmarkt nicht in dem Maße abnimmt, wie sich die Qualifikationsniveaus zwischen den Geschlechtern angleichen oder wie sich eine Anpassung in den Erwerbsmustern und Erwerbsverläufen abzeichnet, belegten Studien zu Berufsverläufen und Karrieremustern (Teubner 1989; 1992; Rabe-Kleberg 1990; Krüger 1992; Wetterer 1992; 1995; Heintz/Nadai/Ummel 1997; Haffner/ Könekamp/Krais 2006). In Branchen und Berufsfeldern, zu denen Frauen und Männer gleichermaßen Zugang haben und in denen sie in Konkurrenz zueinander stehen, kommen besonders Aspekte der vertikalen Segregation zum Tragen. Die deutliche Unterrepräsentanz von Frauen in Führungspositionen, insbesondere in den Top-Positionen der Wirtschaft, ist ein in diesem Zusammenhang immer wiederkehrendes Thema.

Gemäß der aktuellen DIW-Untersuchung (Holst/Wiemer 2010) zur Repräsentation von Frauen in Spitzengremien der 200 größten privaten Unternehmen *ohne* Finanzsektor waren 2009 von 441 Vorstandsposten der 100 größten deutschen Unternehmen 4 mit Frauen besetzt (= 0,9 Prozent) und in den Top-200-Unternehmen 21 von 833 Sitzen, was einem Anteil von 2,5 Prozent entspricht (nur IKEA hat eine Vorstandsvorsitzende). Der Frauenanteil in den Aufsichtsräten der 200 größten Unternehmen betrug im Jahr 2009 9,8 Prozent (wobei etwas über 70 Prozent von Arbeitnehmervertretungen entsandt wurden, nur zwei Aufsichtsräte werden von Frauen, die Kapitaleignerinnen im Familienunternehmen sind, geleitet). Ähnlich sieht es im Finanzsektor aus, von 418 Vorstandsposten in Banken u. Sparkassen (Top-100) sind nur 11 mit Frauen besetzt (2,6 Prozent), von 392 Vorstandsposten der 62 größten Versicherungen sind ebenfalls 11 mit Frauen besetzt (2,8 Prozent). Der Frauenanteil in den Aufsichtsräten in Banken u. Sparkassen betrug 16,8 Prozent und in Versicherungen 12,4 Prozent (a.a.O., S. 5ff.). Im EU-Vergleich der höchsten Entscheidungsgremien der größten börsennotierten Unternehmen in Europa liegt Deutschland 2009 mit insgesamt 13 Prozent knapp über dem Durchschnitt. An der Spitze liegen Schweden (27 Prozent) und Finnland (24 Prozent), am Ende mit je 3 Prozent Luxemburg und Zypern (a.a.O., S. 9).

Die Karriererestriktionen von Frauen werden seit Mitte der 1980er Jahre mit dem Phänomen der *gläsernen Decke/glass ceiling*[10] erklärt und zahlreiche Studien wurden unter dieser Perspektive durchgeführt (Oakley 2000; Kirchmeyer 2002; Accenture 2006; Schruijer 2006). Der Begriff beschreibt den Umstand, dass hochqualifizierte Frauen beim Aufstieg innerhalb von Unternehmen oder Organisationen auf der Ebene des mittleren Managements „stecken bleiben" und nicht in obere Führungsetagen vordringen, auch wenn sie die gleichen Leistungen erbringen wie ihre männliche Kollegen. Andersherum bedeutet dies, dass je höher ein Mann in der Hierarchie aufsteigt, desto wahrscheinlicher wird es, dass er nur noch Männer über und neben sich hat (vgl. Rastetter 1994, S. 255). Die *gläserne Decke* wird durch Rekrutierungsstrategien für höhere Managementpositionen konstruiert, die im Wesentlichen auf der Nutzung von Netzwerken oder der Empfehlung von Beschäftigten beruhen. Befinden sich Frauen auf Karrierepfaden, die steil nach oben führen, sehen sie sich bald mit informellen Netzwerken der Männer mit spezifischen Ritualen und Regeln konfrontiert (socialising, drinking, right pubs and clubs; informelle Bereiche wie Bars, Lokale, Sportarten wie Angeln, Hockey, Golf etc.), von denen sie ausgeschlossen bleiben (Goldberg 2002, S. 48; Rastetter 1994, S. 261f.; 2005) und die ihren Weg an die Spitze be- wenn nicht gar verhindern.[11]

---

10 "Glass Ceiling refers to invisible, artificial barriers that prevent qualified individuals from advancing within their organization and reaching full potential. .... Today it is evident that ceilings and walls exist throughout most workplaces for minorities and women. These barriers result from institutional and psychological practices ..." (Pasero 2004, S. 151 zit. n. Federal Glass Ceiling Commission 2000).

11 Die Kommunikation ist „gelegentlich kraftvoll-provozierend, auch ungefiltert und bewusst grob oder auch rabiat" (Sinus Sociovision 2010, S. 57), meist jedoch distinguiert (Sprachspiele). Begleitet wird das verbale Offensivspiel mit körperlichen Dominanzgebärden (z.B. ausladende Bewegungen, Raum einnehmen, Unterbrechungen, das letzte Worte haben). „Für eine Reihe von Frauen auf der obersten Leitungsebene ist diese spe-

Eine jüngst publizierte Studie zu „Frauen in Führungspositionen – Barrieren und Brücken" (Sinus Sociovision 2010)[12] im Auftrag des Bundesministeriums für Familie, Senioren, Frauen und Jugend belegt einmal mehr, dass im Kampf um knapper werdende Führungspositionen es vor allem bestimmte Mentalitätsmuster der Männer sind, die sich zu Rollenbildern und Führungskulturen mit eigenen Ritualen, Sprachstilen und Habitusformen formieren und die die *gläserne Decke* aufrecht erhalten (a.a.O., S. 19). Ein zentraler Befunde der Studie ist, dass verschiedene miteinander verschränkte Mentalitätsmuster als Barrieren und Sperrriegel wirken: „In den von Männern dominierten Führungsebenen der Wirtschaft gibt es seitens der Männer massive informelle und kulturelle Bollwerke gegenüber Frauen".[13]

Die Untersuchung offenbart drei Mentalitätsmuster bei Männern im Management, die zusammen genommen „eine mehrfach gesicherte soziale Schließfunktion mit sehr selektiver Durchlässigkeit" (ebd.) gegenüber Frauen erzeugen:

→ *Mentalitätsmuster „konservative Exklusion"*: hier erfolgt die kulturelle und funktionale Ablehnung von Frauen qua Geschlecht: Frauen stören die eingespielten, bewährten Zirkel und Netzwerke (inner circle) der Männer.

→ *Mentalitätsmuster „emanzipierte Grundhaltung"*: Frauen werden als chancenlos gegen männliche Machtrituale wahrgenommen: Während Frauen im mittleren Management Chancen haben, gelten im Top-Management andere Regeln, sei dies „eine andere Sportart".

→ *Mentalitätsmuster „radikaler Individualismus"*: Geschlecht spielt hier keine Rolle – Persönlichkeit, fachliche Qualifikation und Kontinuität der Berufsbiografie sind ausschlaggebend: es gäbe aber einen Mangel an Frauen, die sich für Führungspositionen bewerben bzw. wenn Frauen auf dem Weg nach oben die Rollen der Männer spielten, wirkten sie nicht authentisch und würden deswegen nicht weiter kommen (a.a.O., S. 17f.).

---

zifische Kultur der Überlegenheitsdemonstration sehr befremdlich und auch abstoßend" (a.a.O., S. 58). Frauen müssen die verbalen und habituellen Regeln und Spiele akzeptieren, dürfen diese aber selbst aktiv nicht mitspielen.

12   Sinus Sociovision (2010) führte eine repräsentative standardisierte Befragung von 511 Führungskräften (Frauen und Männer) privatwirtschaftlicher Unternehmen zu deren Einstellung zu Frauen in Führungspositionen und zu politischen Maßnahmen für eine gleichberechtigte Teilhabe von Frauen und Männern an Führungspositionen durch sowie 40 zusätzliche narrative Interviews mit Männern in Führungspositionen.

13   "Die größten Widerstände gegen mehr Frauen in Aufsichtsräten kommen von Männern im Alter ab 50 Jahren sowie von Männern, die selbst derzeit Vorstandsmitglied sind oder Stabsstellenverantwortung innehaben" (Sinus Sociovision 2010, S. 12).

Ein weiteres zentrales Ergebnis ist, dass Frauen und Männer in Führungspositionen gleichermaßen die Einstellung besitzen, „dass eine gleichberechtigte Teilhabe von Frauen in Führungspositionen für die Gegenwart und Zukunft der Unternehmen ökonomisch notwendig ist, dass sich aber von alleine nichts ändern wird" (a.a.O., S. 8). Nichtsdestotrotz lehnt eine große Mehrheit, Frauen wie Männer, eine gesetzliche Regelung für einen Mindestanteil von Frauen in Führungspositionen im operativen Bereich ab (a.a.O., S. 20ff.).[14]

4.3 Wie hängen Karrierelogik und Genderlogik in Unternehmen zusammen?

Angesichts des angeglichenen Qualifikationsniveaus der Geschlechter ist davon auszugehen, dass Ursachen für die extreme Unterrepräsentanz von Frauen in Spitzenpositionen weniger auf Differenzen in Persönlichkeit und Verhalten von Männern und Frauen zurück zu führen sind, sondern strukturelle und ideologische Barrieren weitaus wirkungsmächtiger zu sein scheinen (vgl. Holst/Wiemer 2010, S. 7; Sociovision 2010).[15] So gibt es auch heute noch genügend Hinweise, dass der Charakter von Organisationen maskulin ist, Interessen und Präferenzen, Zielsetzungen, Produktions- und Beurteilungsprozesse aus der männlichen Lebens- und Wertperspektive entstehen und die Grundlage für die Entwicklung, Gestaltung und Führung von Organisationen bilden. Die maskuline Organisationslogik begründet auch die Genderlogik, die zu unterschiedlichen Beurteilungen, Chancen und Bewertungen von Frauen und Männern mit für sie unterschiedlichen Folgen führt (vgl. Welpe/Schmeck 2005, S. 127). Empirische Studien (Fried/Wetzel/Baitsch 2001) haben belegt, dass Beurteilungen weiblicher Fach- und Führungskräfte, die ein wesentlicher Bestandteil in Führungskräfteentwicklungsprogrammen sind, oft durch Vorurteile, Stereotype und geschlechtsspezifische Erwartungshaltungen verzerrt werden und ein Ausgangspunkt für Benachteiligungen von Frauen in Unternehmen sind.

---

14 Seit 2008 regelt beispielsweise in Norwegen eine gesetzlich festgelegte Quote, dass der Frauenanteil in den höchsten Entscheidungsgremien der größten börsennotierten Unternehmen mindestens 40 Prozent betragen muss (vgl. Holst/Schimeta 2009, S. 306).

15 In einem Beitrag zu „Karrieremustern als geschlechter(re)produzierende Prozesse in Organisationen" analysiert Anett Hermann (2006) die Wirkung von Geschlecht in organisationalen Karriereprozessen mit der Sozialtheorie Pierre Bourdieus und identifiziert aus dieser Perspektive die besondere Bedeutung der symbolischen Macht für Ein- und Ausschließungsprozesse im Zusammenhang mit Karrierestrategien. Zwar seien vergeschlechtlichte Prozesse innerhalb von Karrieren dynamisch, trotzdem aber „bleiben tradierte symbolische Machtverhältnisse in organisationalen Strukturen und im Habitus erhalten bzw. verfestigen sich über Karrieren" (a.a.O., S. 266).

Dass Organisationen keine geschlechtsneutralen Institutionen sind, beschrieb erstmals Joan Acker (1991; 1992) Anfang der 1990er Jahre mit ihrer Theorie der *gendered organisation*, die die „vergeschlechtlichten" Prozesse in der Organisation aufdeckt und die Geschlechterasymmetrie in Organisationen erklärt; inzwischen wird die Relevanz von Geschlecht in Organisationen stärker kontextabhängig gesehen (Wilz 2004).[16]

4.4 Karrierefrauen und Managerstereotyp

In der bisherigen Forschung zu Frauen in Führungspositionen werden immer wieder die Wirkung von Geschlechtsstereotypen, die Frauen in einer männerdominierten, z.T. männerbündischen Arbeits- und Organisationskultur benachteiligen (Rastetter 1998; 2005; Oakley 2000; Doppler 2005) wie auch die Unvereinbarkeit einer Führungsposition, insbesondere im Top-Management, mit Familienpflichten als Ursache für den Verzicht auf Karriere bzw. eine geringere Aufstiegsorientierung bei Frauen angeführt (International Labour Office 2004; Accenture 2002; Catalyst and The Conference Board 2002). Eine internationale Vergleichsstudie von Catalyst und The Conference Board (2002), die Daten aus zwanzig europäischen Ländern zur Grundlage hat, belegt, dass Managerinnen überall in Europa unabhängig von ihrer Nationalität, Region oder Kultur vor ähnlichen Hindernissen stehen. Als Aufstiegsbarrieren wurden von den befragten Frauen an erster Stelle weibliche Geschlechtsrollenstereotype genannt, gefolgt vom Fehlen weiblicher Vorbilder, geringerer Führungserfahrung, Familienpflichten und unzulänglichem Mentoring.

Über den Aufstieg von Frauen entscheiden selten Frauen, sondern in der Regel ältere und ranghöhere Männer (Mattis 2001). Neben den stereotypen Annahmen über die generell bessere Eignung von Männern für Führungsaufgaben wirkt sich für Bewerberinnen zudem in Auswahlsituationen das Phänomen der „sozialen Ähnlichkeit" nachteilig aus. Sind die Qualifikationsanforderungen erfüllt, so kommt männlichen Bewerbern zusätzlich das Kriterium der Ähnlichkeit aufgrund der Zugehörigkeit zum gleichen, also männlichen Geschlecht, bei den männlichen Entscheidungsträgern zugute (vgl. Welpe/Schmeck 2005, S. 125; Rastetter 2005). Aus der Perspektive der Stereotypenforschung haben Rastetter u.a. (2006) den Aspekt „Vertrauen" in Organisationen untersucht, speziell das Vertrauen in weibliche Führungskräfte: Geschlechtsstereotype führten zu einem mangelnden Vertrauen in Frauen als Führungskräfte und in jedem Einzelfall müssten sie immer erst beweisen, dass sie „männlich" genug seien, um Führung übernehmen zu können. Männer vertrauen eher anderen Männern.

---

16 Weish (2002) beispielsweise untersucht Positionsverteilungen im journalistischen Feld und beschreibt anschaulich die geschlechtersegregierte Gestaltung journalistischer Berufspraxen.

Die Investition in weibliche Führungskräfte in höheren Positionen erscheint noch vielen Organisationen als betriebswirtschaftlich ineffizient. Hartnäckig halten sich stereotype Annahmen, dass berufstätige Frauen, die zudem Verantwortung für Familienpflichten wahrnehmen, ihrer Doppelbelastung wegen weniger Leistungsmotivation zeigen und Unternehmen mit einer erhöhten Fluktuationsrate konfrontiert werden. Individuell mag diese Annahme zutreffen. Empirisch aber gibt es keine Belege, die die Übertragung von negativen Erfahrungen mit Einzelfällen auf die gesamte Gruppe der Frauen und damit spezifische Diskriminierungen gegenüber Frauen bei der Vergabe von Leitungspositionen rechtfertigen. Wenn es um die Besetzung von Führungspositionen geht, dann gilt immer noch das alte Führungskraft-Stereotyp Mann = Manager in der Arbeitswelt. Bereits vor dreißig Jahren bestätigten Untersuchungen einen Zusammenhang zwischen Auswahlprozessen und Geschlechtsrollenstereotypen (Cohen/Bunker 1975) und auch neuere Studien belegen, dass zwischen Manageridealprofilen und dem Stereotyp Männlichkeit eine hochsignifikante Übereinstimmung besteht (Schein/Davidson 1993; Heilman 2001; Sczesny 2003; Gmür 2004; 2006).

Die folgende Tabelle fasst einige stereotype Vorstellungen vom „typischen Mann", vom „idealen Manager" und von der „typischen Frau" zusammen.

Tab. 1: Stereotype Vorstellungen

Typischer Mann	Idealer Manager	Typische Frau
dominant	führungswillig	unterordnend
autonom	autonom	abhängig
unemotional	beherrscht	emotional
selbstsicher	selbstsicher	empfindlich
aktiv	dynamisch	passiv
rational	rational	intuitiv
tatkräftig	entscheidungsfreudig	fürsorglich
	konfliktbereit	
leistungsorientiert	konkurrenzorientiert	beziehungsorientiert
	rücksichtsvoll	einfühlsam
	kommunikativ	

(vgl. von Rosenstiel 2000, S. 161)

Das Führungskraft-Stereotyp ist ein Beispiel für einen *Genderbias*, ein geschlechterbezogenes Vorurteil, das hier bezogen ist auf die Gruppe der Frauen mit Führungsambitionen und das ein erhebliches Karrierehindernis verursacht.

Genderbias setzt einen *circulus vitiosus*[17] in Gang. Häufig scheinen Frauen den Genderbias dadurch zu bestätigen, dass sie sich niedrige Karriereziele setzen. Stereotype Erwartungen und ein wahrgenommener Genderbias erschweren Frauen den Zugang zu höheren Führungspositionen und bilden die bekannte, bisher undurchdringliche „gläserne Decke" zu den höheren Führungspositionen.

Das Überwinden der Karriereblockade Genderbias ist für Frauen mit einem ungerechtfertigten und unverhältnismäßigen Mehraufwand für die Durchsetzung ihrer Karriereziele verbunden.

Als Reaktion darauf reduzieren aufstiegsmotivierte Frauen wegen der für sie im Vergleich zu männlichen Bewerbern höheren Kosten ihre Karriereziele.

Als Folge ist der Pool der weiblichen Nachwuchsführungskräfte im Vergleich zu dem männlichen sehr viel kleiner, da nicht jede qualifizierte und kompetente Frau dazu bereit ist, den Mehraufwand innerhalb und außerhalb der Organisation persönlich zu tragen. Dadurch entsteht der falsche Eindruck, Frauen würden keine Führungspositionen anstreben und wären schlechter hierfür geeignet.

Vorurteile und stereotype Erwartungen verfestigen sich hier wechselseitig zu Karriereblockaden für Frauen. Anstelle objektiver Chancengleichheit und rationaler Urteile bestimmen und reproduzieren Führungskraftstereotype und Genderbias Karrieremöglichkeiten signifikant (vgl. Peters 2003, S. 145 ff.; Priddat 2004, S. 173). Moderne und innovative Konzepte der Personalführung wie *Gendermanagement* oder *Management Diversity* kennen und bewerten dagegen die Talente von Frauen und Männern richtiger. Die Konzepte nutzen Vielseitigkeit und Heterogenität der Mitarbeiter/innen zum Vorteil der Organisation auf allen Ebenen, auch den Führungsebenen.

4.5 Wie kommt es zu typischen Karrierebrüchen bei Frauen?

Karrierebruch bezeichnet das (plötzliche und unerwartete), unverschuldete oder verschuldete Ende einer Karriere zum Nachteil der/des Betroffenen, beispielsweise durch Ausstieg, Auswanderung, Krankheit, Umschulung, Erwerbslosigkeit oder Insolvenz (Heuberger 2004). Gibt eine Person bewusst den Arbeitsplatz auf, z.B. um in Elternzeit zu gehen oder aus gesundheitlichen Gründen,

---

17 Der Begriff *circulus vitiosus* (lat.) steht für *Kreisschluss, Zirkelschluss* oder auch *Teufelskreis* und bedeutet einen logischen Fehlschluss, bei dem das zu Beweisende bereits in der Voraussetzung enthalten ist. Bei diesem Kreisschluss wird eine These aus Argumenten abgeleitet, welche ihrerseits bereits derselben These entstammen.

spricht man von einem reflektierten Karrierebruch (vgl. Jensen/Takruri-Rizk/Crossley 2005, S. 60). Im Allgemeinen aber ist Karrierebruch negativ konnotiert.

Häufig wagen Frauen einen Karrieresprung aus Angst vor einer exponentiellen Steigerung ihrer Belastungen nicht (Sinus Sociovision 2010, S. 43f.). Sie befürchten, (dass)

- der Spagat der Vereinbarkeit von Beruf und Familie noch extremer wird
- die Steigerung des Leistungsdrucks bzw. mehr leisten zu müssen als Männer
- den Exotinnen- und Minderheitenstatus innerhalb des Unternehmens[18]
- nicht nur nicht fremden, sondern auch den eigenen Ansprüchen nicht gerecht zu werden.

Die Vereinbarkeit von Beruf und Familie bzw. Karriere und Familie stellt auch heute in erster Linie für weibliche Beschäftigte eine zentrale Herausforderung dar und gilt als eine Hauptursache von Karrierebrüchen bei Frauen. So unterscheiden sich weibliche und männliche Führungskräfte deutlich im Hinblick auf ihren Familienstand (Bundesregierung Deutschland *et. al.* 2006, S. 11; Kleinert 2006; Bischoff 2005): Der Anteil kinderloser Frauen in Führungspositionen ist signifikant höher im Vergleich zu Männern: in der Studie von Sinus Sociovision (2010) beispielsweise 44 zu 23 Prozent (d.h. aber auch, dass 56 Prozent der befragten Frauen demnach Kinder haben), nach Auswertungen der IAB-Führungskräftestudie (Kleinert 2006) lebten 2004 32 Prozent der weiblichen aber 53 Prozent der männlichen Führungskräfte in Familienformen mit Kindern. Insgesamt lebten Frauen häufiger allein, mit einem Partner, aber ohne Kinder (häufig als dual-career-couples)[19] oder waren allein erziehend, während Männer weitaus häufiger mit einer Partnerin und Kindern zusammen lebten. Darüber hinaus war die Mehrheit der Partnerinnen von Männern in Führungspositionen gar nicht (29 Prozent) oder nur teilzeiterwerbstätig (34 Prozent), während Partner von Frauen in Führungspositionen überwiegend vollzeiterwerbstätig (52 Prozent) waren oder selbst eine Führungsposition inne hatten (32 Prozent).

Im Hinblick auf die Frage „Karrierekiller Kind bei Frauen in Führungspositionen?" gibt es widersprüchliche Befunde:

---

18 Im Zusammenhang mit dem Minderheitenstatus von Frauen in Männerberufen und/oder Führungspositionen spricht man vom *Token-Phänomen* oder der *Token-Dynamik*: Frauen werden nicht individuell, sondern als stereotype Vertreterinnen ihres Geschlechts wahrgenommen und stehen als Stellvertreterinnen für ihr Geschlecht unter besonders kritischer Begutachtung der konkurrierenden männlichen Mehrheit (Kanter 1977).

19 DCC: Partnerschaften, in denen beide Partner hoch qualifiziert berufstätig sind (vgl. Domsch/Ostermann 2005).

→ Nach Auswertungen des Mikrozensus (Statistisches Bundesamt 2005) korreliert die Beteiligung von Frauen an Führungspositionen neben Branche und Unternehmensgröße deutlich mit dem Lebensalter der Frauen. Während die unter 30-jährigen Frauen fast genauso stark an Leitungstätigkeiten wie Männer partizipieren, sinkt ihr Anteil während der Familiengründungs- und Kinderbetreuungsphase bis zum Alter von 40 Jahren und verbleibt danach auf geringerem Niveau. Der Anstieg an weiblichen Führungskräften zwischen den Jahren 2000 und 2004 ist auf die sehr jungen und älteren Frauen zurückzuführen. Eine Verbesserung der Beteiligung der Frauen mittleren Alters in der Zeit der kinderbetreuungsintensiven Familienphase besteht indessen nicht. Darüber hinaus zeigte sich, dass weibliche Führungskräfte insgesamt in anderen Familienformen leben als männliche (s.o.).

→ Eine vom Bundesministerium für Bildung und Forschung herausgegebene Studie zur Chancengleichheit in akademischen technischen und naturwissenschaftlichen Berufen (Haffner/Könekamp/Krais 2006) präsentiert – anders als der Mikrozensus – das Ergebnis, dass Kinder kein Karrierehemmnis darstellen: Betrachte man nur Erwerbspersonen (und nicht wie der Mikrozensus auch die Nichterwerbspersonen), verliere diese Annahme nämlich an Gültigkeit. Sowohl die befragten Frauen (n= 5.181) als auch Männer (n= 3.625) waren beruflich erfolgreicher, wenn sie Kinder hatten. Es wurde also überraschenderweise ein positiver Zusammenhang von beruflichem Erfolg und Familienverantwortung auch bei Frauen/Müttern und nicht nur wie bisher ausschließlich bei Männern/Vätern festgestellt. Haffner/Könekamp/Krais (a.a.O., S. 32f.) verweisen ferner auf den für sie bemerkenswerten Befund, dass nur etwa die Hälfte der befragten Mütter beruflich pausiert hatte und von denjenigen, die in Elternzeit gegangen waren, 40 Prozent kürzer als sechs Monate.

→ Eine Untersuchung von Lukoschat/Walther (2006) von 500 Müttern in Führungspositionen brachte erneut das Ergebnis, dass die Frauen für die Vereinbarkeit von Kindern und Karriere aufgrund der schwierigen Rahmenbedingungen oft einen hohen Preis zahlten. Nur aufgrund ihrer sehr starken persönlichen Motivation und der Unterstützung durch die Partner gaben diese Frauen den einmal eingeschlagenen Weg nicht auf.

→ In der Studie von Sinus Sociovision (2010) hatten 44 Prozent der befragten Frauen in Führungsposition ihre Berufstätigkeit schon einmal unterbrochen und auch jeder vierte männliche Befragte, so dass sich die Annahme, eine kontinuierliche Berufstätigkeit ohne (längere) Unterbrechung sei zwingend für den Aufstieg, nicht bestätigt wurde (Gründe für die Unterbrechung wurden allerdings nicht genannt).

Im Zusammenhang mit der Vereinbarkeit von Beruf und Familie stellen Arbeitszeiten ein Problemfeld dar, das Unterschiede zwischen weiblichen und männlichen Karriereverläufen generiert – in der Regel orientieren sich Arbeitszeitstrukturen an traditionellen männlichen Lebensmustern (vgl. Seeg 2000, S. 114ff.). Hofbauer (2004) thematisiert in diesem Zusammenhang „Distinktionsgewinne" von Männern gegenüber Frauen in der Organisation, „die letzten 10%", die *den* Unterschied machen, wenn es um Führungspositionen geht, nämlich extreme zeitliche Flexibilität und Mobilität.

Sind Unternehmen ernsthaft an einer nachhaltigen Erhöhung des Frauenanteils in Führungspositionen interessiert, ist es angeraten, Programme zur Vereinbarkeit von Beruf und Familie bzw. zur Work-Life-Balance mit Modellen zur Elternzeit, Teilzeit für Führungskräfte, flexiblen Arbeitszeiten und Kinderbetreuung ausbauen (z.B. Deutsche Telekom AG; vgl. S. 78f.).

4.6 Wie Gender und das Prinzip Chancengleichheit die Konditionen für Karrieren verändern

Während im öffentlichen Bereich im Zuge des Amsterdamer Vertrages (1999) Gender Mainstreaming zur verbindlichen Handlungsmaxime zur Herstellung von Chancengleichheit wurde, ging die deutsche Privatwirtschaft eine freiwillige Verpflichtung zur Förderung der Chancengleichheit von Frauen und Männern ein (Zweite Bilanz der Vereinbarung zwischen der Bundesregierung und den Spitzenverbänden der deutschen Wirtschaft zur Förderung der Chancengleichheit von Frauen und Männern in der Privatwirtschaft 2006), deren Erfolge bis heute nicht überwältigend sind. Lieber setzten Unternehmen im Zuge des Allgemeinen Gleichbehandlungsgesetztes (AGG; August 2006) auf das in den USA erprobte Managementkonzept des Diversity Managements (DiM), das nicht nur die Unterschiedlichkeiten von Beschäftigten anerkennt, sondern diese unterschiedlichen Potenziale auch als strategische Ressource für Unternehmensinteressen nutzen will.

Diversity Management wurde in den 1980er Jahren in den USA von Berater/innen und Wissenschaftler/innen entwickelt, es gibt keine einheitliche Definition (Vedder 2009). Diversity lenkt den Blick auf die *Vielfalt* von Diskriminierung und Ausgrenzung, auf Kategorien wie Klasse, Alter, Sexualität, Aussehen oder natio-ethno-kultureller Status. Managing Diversity zielt darauf, Bedingungen in den Unternehmen zu schaffen, unter denen alle Beschäftigten ihre Leistungsfähigkeit ohne Einschränkungen entwickeln können. Als Modernisierungsstrategie stellt Managing Diversity die Dominanz einer als hegemonial-männlich charakterisierbaren Gesellschafts- wie auch Unternehmenskultur in Frage und als solches erhebt sich wiederum die Frage nach dem Verhältnis von Gender und Diversity (vgl. Andresen/Koreuber/Lüdke 2009).

Auf der Webseite der Bundesregierung zu Gender Mainstreaming[20] wird das Verhältnis von Gender Mainstreaming zu Diversity Management kurz zusammengefasst wie folgt beschrieben: Während sowohl Diversity Management als auch Gender Mainstreaming soziale Strukturen benennen, die Menschen prägen, eine differenzierte Wahrnehmung menschlicher Vielfalt favorisieren und gegen Diskriminierung wirken, unterscheiden sie sich dahingehend, dass Diversity Management stärker an Anforderungen der Ökonomie und des ökonomischen Nutzens ausgerichtet ist und weniger direkt an Diskriminierungsfragen.

Aufschlussreicher im Hinblick auf die obige Frage ist der Ansatz der beiden Managing-Diversity-Expertinnen der TU Dortmund Verena Bruchhagen und Iris Koall (2002a; 2002b; 2007; 2008), die das Konzept des Managing Gender und Diversity (MGD) zur Bearbeitung von Differenzkategorien entwickelten.

Für Bruchhagen und Koall (2005) ergibt sich die Verbindung zwischen Gender(forschung) und Managing Diversity „aus der Unzufriedenheit mit der Wirkungsweise bestehender Gleichstellungsinitiativen" und dem Umstand, dass Gleichstellung nur in geringem Maße mit betriebswirtschaftlichen Orientierungen vereinbar ist. Die Verknüpfung von Gender mit Diversity jedoch birgt die Chance für eine allmähliche Veränderung der Organisation durch einen veränderten Umgang mit Differenz und zwar durchaus „im betriebswirtschaftlichen Sinn ... der Nutzung und Inklusion von differentem, personalem Potenzial" (ebd.). Im Kern geht es im Managing Gender & Diversity um eine Dekonstruktion der Herstellung von (Geschlechter-) Differenz und weniger um die Strategie einer positiven Diskriminierung aufgrund der einseitigen Betonung einer Kategorie. Ein wesentlicher Unterschied liegt also darin, dass Gender Mainstreaming das System der Zweigeschlechtlichkeit reproduziert und aufrecht erhält, indem es Diskriminierungsprozesse auf das dominante Kriterium „Geschlecht" reduziert, während Diversity Gender relativ in Bezug zu anderen Kategorien sozialer Differenzierung setzt – Männer und Frauen erscheinen dann in diversen Konstellationen von Gleichheit und Ungleichheit, so dass andere Kategorien in ihrer relativen Bedeutung stärker wahrgenommen werden können. Auf der Ebene der Organisation bedeutet solche Offenheit den Verzicht auf Geschlechterstereotype/Rollenstereotype und damit bestimmte Verhaltenserwartungen. Alternativen können gestaltet und Potenziale besser genutzt werden (ebd.).

Innovative Unternehmen erkennen den Nutzen des Gender & Diversity Managements sowohl für den Imagegewinn als auch ganz handfest in einer höheren Wertschöpfung. Angesichts der nur geringen Erfolge von Frauenfördermaßnahmen, die *gläserne Decke* zu durchbrechen, führte die Deutsche Telekom 2010 als erstes DAX-30-Unternehmen eine Frauenquote für obere und mittlere Führungspositionen ein, um so den Talentpool, aus dem die künftigen Führungskräfte rekrutiert werden, nachhaltig auszuweiten. Weltweit sollen im Unternehmen

---

20 www.bmfsfj.de/gm/Wissensnetz/ziele,did=16586.htm.

bis Ende 2015 30 Prozent der Führungspositionen mit Frauen besetzt werden. Dabei beruft sich die Telekom auf die betriebswirtschaftliche Notwendigkeit einer Steigerung des Frauenanteils, da seit längerem durch zahlreiche internationale Studien ökonomische Vorteile von Unternehmen mit einem höheren Frauenanteil belegt sind (McKinsey & Company 2007; Catalyst 2004; Adler o. J.).

5 Gender und Kommunikation

Kommunikation ist das zentrale Instrument, um in Organisationen und Unternehmen Produktivität und Wertschöpfung zu erzeugen und daher ist Kommunikationsarbeit täglicher Bestandteil von Zusammenarbeit und Führung. Die Kernaufgaben der Personalführung und des Organisationsmanagements wie Anweisen, Motivieren, Delegieren, Informieren, Koordinieren, die Personalförderung oder das Konfliktmanagement werden nur mit den Mitteln der Kommunikation bewältigt. Es gibt keinen Ersatz für Gespräche jedweder Art zwischen den Mitgliedern einer Organisation zur Erreichung gemeinsamer und individueller Ziele.

In den Beurteilungen für Führungskräfte werden Mitarbeiter/innen regelmäßig danach gefragt wie, weshalb und worüber ihre Führungskräfte mit ihnen kommunizieren und für wie bedeutsam sie Kommunikation in der Zusammenarbeit im Unternehmen halten. Die Befragungen zeigen immer wieder, dass nachhaltig Kommunikationsmängel in Organisationen bestehen. Insbesondere informieren Organisationen unzureichend über individuell bedeutsame Themen wie die Auswahl und Förderung von Nachwuchsführungskräften, Karriereperspektiven, Karrierepfade und -management sowie Chancengleichheit. Weibliche und männliche Mitarbeiter haben außerdem ein unterschiedliches Verständnis von zufriedenstellender Kommunikation, einen unterschiedlichen Bedarf an Kommunikation und zu unterschiedlichen Themen.

5.1 Wie lässt sich Kommunikation definieren?

In den Debatten über das Wesen der Kommunikation zeigt sich, dass der Gegenstand selbst und daher auch seine Definition schwierig sind. Wie Kommunikation definiert wird, hängt von den Antworten auf folgende zwei Fragen ab:

- Muss Kommunikation intentional sein?
- Muss Kommunikation empfangen werden?

Man kann folgende drei Positionen beziehen:

1. Als Kommunikation gilt Verhalten dann, wenn anderen Personen Informationen mit Absicht gegeben werden und diese empfangen werden (Motley 1990).
2. Von Kommunikation ist nur dann zu sprechen, wenn Informationen sowohl mit Absichten gegeben werden und diese mit Absicht empfangen werden (Clevenger 1991).

3. Kommunikation ist alles Verhalten, das irgendeine Bedeutung für Empfänger hat, gleich ob beabsichtigt oder unbeabsichtigt (Andersen 1991).

Alle Theorieschulen zur Kommunikation teilen die Ansicht, dass Informationen und Verhalten, das absichtsvoll gegeben und aufgenommen wird, als Kommunikation betrachtet werden kann. Welche weitere Differenzierung von Kommunikationsverhalten vorgenommen wird, hängt von der Perspektive und dem Kontext ab unter denen man Kommunikation weiter untersucht. Die vier Felder der Kommunikationsforschung (vgl. Powers 1995) sind

1. Inhalt und Form der Kommunikation
2. Individuen, Mitglieder in sozialen Beziehungen und Kulturgemeinschaften als Kommunikatoren
3. Ebenen der Kommunikation und zwar: öffentlich, in kleinen Gruppen und interpersonal
4. Kontexte und Situationen, in denen sich Kommunikation ereignet, wie z.B. in Organisationen der Arbeitswelt oder in beruflichen Entscheidungssituationen oder im Kontext von sex und gender.

5.2 Wie werden Botschaften produziert, wahrgenommen, verarbeitet und beurteilt?

Kommunikation ist ein Austauschprozess von Informationen und Botschaften. Wie Personen individuell Botschaften produzieren, verarbeiten und beurteilen, lässt sich persönlichkeitspsychologisch, verhaltenspsychologisch, kognitionstheoretisch und auf der Grundlage von Gender erklären. Es lassen sich drei unterscheidbare situationsunabhängige und stabile Kommunikationsstile, die Personen zeigen, identifizieren:

1. Der *narzisstische Konversationsstil* (Vangelisti *et al.* 1990) ist gekennzeichnet durch die Tendenz, die Inhalte und Richtung der Konversation zu kontrollieren und alle Gelegenheiten zu nutzen, sich selbst zum Thema zu machen. Nonverbales, übertriebenes, gestikulierendes Ausdrucksverhalten und mangelhafte Response auf Andere sind typisch.

2. Der *argumentative Kommunikationsstil* (Infante/Rancer 1993) interessiert sich in der Kommunikation für kontroverse Standpunkte, betont die eigenen und versucht gegenteilige Meinungen zu widerlegen. In seiner positiven Variante stimuliert dieser Stil Lernprozesse und Verständigung. In seiner negativen

Ausprägung, Aggressivität, ruft er Feindseligkeit und Verletzungen hervor, wofür die Kommunikation gewalttätiger Paare exemplarisch ist.

3. Der *vermeidende ängstliche Kommunikationsstil* (McCrosky 1984) ist charakterisiert durch Furcht vor allen Formen der Kommunikation, die dazu führt, dass Personen erhebliche Schwierigkeiten haben, soziale Kontakte herzustellen und daher Gesprächssituationen vermeiden.

Die Entwicklung persönlichkeitsspezifischer Kommunikationsstile wird neuerdings auch auf biologische Grundlagen, die Wahrnehmung und Verhalten steuern, zurückgeführt. Akkommodation und Adaptation organisieren die Interaktionen. Eine der einflussreichsten Verhaltenstheorien der Kommunikation beschreibt die *Akkomodationsvorgänge* (Giles et al. 1987) zwischen kommunizierenden Personen. Sie können im Verlauf der Kommunikation in ihrem Verhalten immer mehr übereinstimmen, konvergieren oder immer weniger übereinstimmen und divergieren. Akkomodationsvorgänge sind bedeutsam in der Kommunikation, weil sie zu sozialer Bindung und Trennung wie auch Nähe und Distanz führen und der Abgrenzung und Identitätsbildung unterschiedlicher Statusgruppen dienen. Neben der Akkommodation ist auch die Adaptation (Burgoon et al. 1993) in Kommunikationsprozessen relevant. Da zu Beginn und im Verlauf einer Interaktion in der Regel zu wenig Klarheit über die Absichten, Ziele und das Verhalten des Gesprächspartners gegeben ist, ist Flexibilität in der Kommunikation notwendig als Anpassung an Änderungen im Verlauf der Interaktion.

Weil Kommunikation so wichtig zur Erreichung von Zielen und zur Bedarfserfüllung ist, muss sie hinsichtlich der Zielsetzungen reflektiert und vorbereitet werden. Mit welchem Stil und welchem Inhalt Personen konkret kommunizieren, wird von den eigenen und fremden kognitiven und emotionalen Prozessen vor und während der Interaktionen bestimmt. Kognitive Theorien beschreiben, wie die Individuen die Inhalte, die Struktur und den Prozess der Kommunikation mental planen, ihr Wissen organisieren, es in der Kommunikation nutzen, emotional steuern und wie sie sich zielstrebig verhalten und darstellen. Planung und Zielsetzung sind eng verbunden mit negativen und positiven Emotionen. Zur Durchsetzung und Erreichung anspruchsvoller Ziele entwerfen Personen spezielle und flexible Kommunikationsstrategien (Berger 1997), die auch das Emotionsmanagement in schwierigen Kommunikationssituationen einschließt. Die Auswahl der richtigen Kommunikationsstrategie hängt von der Zielsetzung und von den Kommunikationsstrategien der Partner ab. Sehr häufig ist Compliance, die Einwilligung der Partner, ein strategisches Kommunikationsziel. Die Compliance-Strategie (Maxwell/Schmidt 1967) basiert auf der Austauschtheorie und geht davon aus, dass zur Zielerreichung die Partner das, was sie haben wollen, tauschen gegen etwas, was der andere hat und ihm geben, was er will und nicht hat. Das können materielle und immaterielle Güter oder auch Ressourcen sein, z.b. Wertschätzung, Geld, Beförderung oder Befreiung von Pflichten. Fünf generelle Cluster von Compliance-Strategien oder Kommunikationstaktiken in Verhandlungssituationen sind empirisch belegt:

1. Belohnungsstrategie: etwas versprechen
2. Bedrohungsstrategie: etwas androhen
3. Expertenstrategie: Wissen über Belohnungsmöglichkeiten kundtun
4. Unpersönliches Commitment fordern: moralische Appelle aussprechen
5. Persönliches Commitment eingehen: sich verschulden, etwas verpfänden.

Die Effektivität einer Compliance-Strategie hängt von der wahrgenommenen eigenen und der Machtposition der Partner ab. Wer Konsequenzen und Verhaltens- und moralische Normen bestimmen kann und in einer Beziehung unabhängiger ist, der hat mehr Macht, Compliance der Partner herbeizuführen.

Wie Informationen verstanden und wie Verhalten und Botschaften interpretiert werden, erklärt die *Theorie der Attribution*. Sie lehrt: „You always assign meanings to what you observe, and these are crucial to what you see" – was man beobachtet und wahrnimmt, belegt man mit einer Bedeutung und Attributen, die dazu beitragen, dass die Beobachtungen stimmig werden und einen Sinn ergeben. Das ist ein sehr individueller Vorgang, der als *persönlicher Perzeptionsstil* bezeichnet wird (Heider 1958). Besondere Bedeutung haben Attributionen bei der Herstellung von Stereotypen über Gruppen und für die beiden Geschlechter, denen nicht nur unterschiedliche Rollen, sondern auch die entsprechenden unterschiedlichen Attribute zu Leistungsvermögen und Kommunikationsverhalten mit weitreichenden Folgen für Status und Karriereverläufe zugeschrieben werden.

Kommunikation entsteht, weil wir *Erwartungen* an Bedürfniserfüllung durch Andere haben. Erwartungen werden bestimmt von situativen Kontextmerkmalen der Organisation oder solchen, die aus Funktionen und Aufgaben resultieren. Verhältnisse in der Beziehung wie Über- und Unterordnung oder Gleichheit sowie Personenmerkmale wie

- Status
- Alter
- Aussehen
- Reputation
- Gender

bestimmen Bedürfnisse und Erwartungen.

Wie reagieren Personen, wenn ihre Erwartungen entweder durch nonverbale, z.b. durch Blickabwendung oder verbale Kommunikation, z.b. durch eine abwertende Äußerung, nicht erfüllt oder verletzt werden? Keineswegs werden enttäuschte Erwartungen immer als negativ bewertet, sondern ebenso als positiv, weil sie die Aufmerksamkeit auf einen unbedachten Aspekt lenken. Enttäuschte Erwartungen können Urteile über die Qualität und Ergebnisse einer Kommunikation und den Wert eines Kommunikationspartners präzisieren und Anpassungsleistungen stimulieren. In einer Kommunikation gehen zwischen den Partnern Enttäuschungen kontinuierlich einher mit Entdeckungen und einer Neuinterpretation der Kommunikationssituation.

Wofür eine Situation gehalten und wie z.b. als positiv, negativ oder zweideutig interpretiert wird, hängt davon ab, wie man die Situation definiert. Die Interpretation einer Situation ist die *Definition der Situation* (Goffman 1974). In einer Situation fragt man typischerweise "Was ist hier los?" und definiert dann, häufig mehrfach, worum es sich handelt. Wenn eine berufstätige Mutter wiederholt nur Teilzeitangebote erhält, ihre Leistungen schlechter beurteilt werden und sie bei Beförderungen übergangen wird, dann definiert sie diese Aktionen ihres Arbeitgebers als Diskriminierung. Der Interpretationsrahmen, das Framework „Diskriminierung" macht nicht nur die Situation und das Verhalten des Arbeitgebers persönlich verständlich, sondern bestimmt auch die Reaktionen und Handlungen im Umgang mit der Situation.

5.3 Kulturaspekte der Kommunikation

Kulturen kommunizieren in spezifischer Weise, aber in allen Kulturen gibt es Codes, deren Bedeutung alle Mitglieder kennen und teilen und es gibt Personen, die den Mitgliedern durch Codes in bestimmter Weise, z.b. durch bestimmte Prozeduren oder Rituale, kontinuierlich das vermitteln, was sie miteinander verbindet. So signalisieren geschlechtstypische Kleidercodes nicht nur die Zugehörigkeit zum einen oder anderen Geschlecht, sondern auch die Demonstration von Geschlechternormen. Die Kommunikation verschiedener Kulturen, ob es sich um Ethnien handelt oder gesellschaftliche Gruppierungen wie Sportvereine oder Vereinigungen wie Rotarier, lässt sich anhand von neun Kategorien vergleichen (Hymes 1974):

- Kommunikationsmuster der Gruppenmitglieder
- Bild des idealen Kommunikators
- Kommunikationsgemeinschaften innerhalb der Gruppe
- Adäquate Redesituationen
- Anlässe und Themen für Kommunikation
- Sprechstil oder erlaubte Verhaltensweisen bei einer Rede

- Elemente der Kommunikation
- Rederegeln und Standards zur Beurteilung der Kommunikation
- Zweck und Funktion der Kommunikation.

Verhaltensnormen, Kommunikationsformen und Symbole der Kulturen werden durch die Kommunikation vermittelt, aufrechterhalten und praktiziert.

Organisationen und Unternehmen lassen sich ebenfalls als Kulturgemeinschaften betrachten, die gemeinschaftlich Normen, Werte, Denkmuster, Handlungslogik und Spielregeln teilen. Organisationskultur, *Corporate Culture,* entsteht durch die Interaktion und Kommunikation ihrer Mitglieder. Sie steuert ihr Verhalten, formt ihre Identität und ist der *soziale Klebstoff* (Schein 1984, S.14) einer Organisation. Wenn man die äußere und innere Gestalt einer Organisation betrachtet, ihre Selbstbeschreibungen und Leitsätze zur Zusammenarbeit und Führung liest, die Zusammensetzung des Personals oder ihr Verhalten studiert, dann erhält man Rückschlüsse auf die Kultur der Organisation. Zur Klassifikation von Organisationskulturen gibt es unterschiedliche Ansätze. Anhand der jeweils dominierenden Werteorientierungen gegenüber Kunden, Personal, Resultaten, Innovation, Kosten, Kommunikation, Unternehmen und Technologie lassen sich Kulturen zum Beispiel als dienstwegbezogene bürokratische Verfahrenskultur, als Problemlösungskultur oder auch als Innovationskultur charakterisieren (Kobi/Wüthrich 1986, S. 138-140).

Kulturen haben Funktionen. Sie koordinieren die Handlungen und Handlungsspielräume der Mitglieder, vermitteln ihnen Sinn und Motivation, bewirken Identifikation und Bindung und erlauben eine organisationstypische Identitätsbildung. Starke Organisationskulturen sind attraktiv für Bewerber und sie binden ihre Mitarbeiter. Damit erzielen Organisationen mehr Effizienz und zusätzliche wirtschaftliche Wertschöpfung. Innerhalb von Organisationen existieren Teilkulturen oder Subkulturen, z.B. in unterschiedlichen Organisationseinheiten, entsprechend der Diversität der Mitarbeitergruppen oder auf den hierarchischen Ebenen. Zur Vermeidung von daraus möglichen schwerwiegenden Organisationskonflikten muss das interne kulturelle Zusammenspiel, der *Intra-Kultur-Fit,* gegeben sein. Zur Sicherung der Existenz und Wettbewerbsfähigkeit einer Organisation ist zudem zwischen ihrer Kultur und ihrer Strategie Stimmigkeit, der *Kultur-Umwelt-Fit,* notwendig, die insbesondere in Veränderungsprozessen immer wieder hergestellt werden muss. Dabei wird überprüft, ob strategische Ziele mit der bestehenden Organisationskultur kompatibel und ob Kulturanpassungen notwendig sind. Organisationskulturen werden nicht nach gut oder schlecht beurteilt, sondern nach erfolgreich oder erfolglos im Umweltkontext und den Zielvorgaben der Organisation.

5.4 Organisationskultur unter der Genderperspektive

Dem biologischen Geschlecht ordnet die Gesellschaft geschlechtstypische Erziehungs- und Verhaltensprogramme zu, die männlichen und weiblichen Individuen die für sie relevanten Geschlechternormen und Geschlechterrollen vermitteln und ihre Geschlechtsidentität formen Nach der Geschlechterschema-Theorie (Martin/Halverson 1981) erklärt kulturell geprägte Männlichkeit und Weiblichkeit Verhalten, Interessen, Potenziale, Präferenzen und Lebenskonzepte von Individuen als Selbstorganisationsprozess des Individuums wesentlich anders als die Sozialwissenschaften und die Genderforschung.

In der Organisationslehre wird *Gender als Institution* im Sinne des Neoinstitutionalismus aufgefasst. Institution ist hier definiert als eine von Menschen erdachte Beschränkung zur Ordnung des Zusammenlebens. Sie besteht aus formalen Verhaltensnormen, Konventionen, Regeln, Gesetzen oder auch Verfassungen und ihren Durchsetzungsmethoden (vgl. North 1992, S. 360). Institutionen steuern die sozialen Handlungen von Individuen in eine bestimmte Richtung (vgl. Richter 1999, S. 17) und schaffen Ordnung und Regelung der Interaktion. Fundamentale Institutionen wie Gender sind das strukturelle und kulturelle Gerüst einer formalen Organisation und prägen deren Kultur.

Die Genderforschung hat in den letzten 30 Jahren verstärkt dazu beigetragen, Genderaspekte in Organisationen aufzudecken (vgl. Acker 1991; 1992) und den Einfluss der „Institution Gender" auf Art und Umfang von geschlechterbezogener Bevorzugung und Benachteiligung, von Bewertungen, Ressourcenzugang und Karriereverläufen untersucht.

Danach sind Organisationen *„gendert",* was meint, dass die Institution Gender ein struktureller Bestandteil von Organisationen ist. So wie Organisationen Gender institutionalisiert haben, betrachten sie es als zulässig, Männer und Frauen in verschiedener Hinsicht ungleich zu behandeln, geschlechtstypische Zuweisungen von Aufgaben und Positionen vorzusehen und Chancen und Einflussmöglichkeiten zu geben oder zu nehmen. Organisationen nehmen es nach ihrer Genderlogik in Kauf, dass so geschlechterasymmetrische Verhältnisse entstehen.

Nicht nur das System Organisation, sondern auch Individuen und Gruppen orientieren und praktizieren die Institution Gender – das *doing gender* – aus Eigeninteressen unter Inkaufnahme von Benachteiligungen Anderer und bekräftigen die Praxis geschlechterbezogener Einschluss- und Ausschlussstrategien.

In Organisationen besteht ein grundsätzlicher Konsens der Mitglieder zu den Aktions- und Durchsetzungsregeln der Genderpraxis, der selbst die Mehrheit der benachteiligten Gruppe der Frauen zustimmt, da die Praxis der gesellschaftlich vorgegebenen Geschlechterordnung entspricht.

Normative, unternehmensethische und ökonomische Argumente sehen für die Güte einer Institution allerdings den adäquaten Beteiligungsgrad der diversen Mitgliedergruppen an der Verteilung von Macht, Information und der weiteren Ressourcen, die Organisationen besitzen, an. Derzeit gilt nach den Ergebnissen noch immer, dass in den allermeisten Organisationen und Wirtschaftunternehmen, die Institution Gender nicht optimal praktiziert wird, obgleich dies negative Folgen für die Gestaltung und Produktivität der Organisationen hat. Diese Praxis begründet sich aus der maskulinen *Genderlogik* (Welpe 2005) der männlichen Majorität in Führungspositionen. Von einer Männerdomäne (Kanter 1977) spricht man, wenn in einer Organisation nur 15 Prozent Frauen in den verschiedenen Hierarchieebenen zu finden sind. Männerdomänen und Männerbünde verlangen als Aufnahmekriterium das „richtige" Geschlecht und können daher die Mitgliedschaft von Frauen verhindern und eine geschlossene stabile Gesellschaft innerhalb der Organisation bilden. Historisch betrachtet haben alle Kulturen Männerbünde als kollegiale Herrschaftsformen favorisiert und organisationsspezifisch, z.B. im Militär, in Religionsgemeinschaften oder in Wirtschaftskonzernen, ausdifferenziert. Damit ist die Exklusion von Frauen und Geschlechterhierarchie sichergestellt.

Der *Androzentrismus* als ein Denk- und Handlungsschema (Irigaray 1980, S. 30) bestimmt daher das Denken, Bewerten Entscheiden und Handeln in Organisationen. Es erleichtert männlichen Mitgliedern den Zugang zu Karrieren, benutzt das Männlichkeitsstereotyp unreflektiert in seinen negativen Auswirkungen auch für Frauen zur Beurteilung von Potenzialen und Kompetenzen. In der Organisationslehre findet sich dementsprechend für wirtschaftende Menschen der Ausdruck „economic man" (Bea/Göbel 2002). Maskuline Organisationskulturen haben eine begrenzte Gender-Rationalität. Daher erhalten Frauen mit einiger Wahrscheinlichkeit einen sachlich unbegründeten *Gender-Malus* und Männer einen sachlich unverdienten *Gender-Bonus*.

Nach Überlegungen der Organisationsökonomik erreicht eine Organisation optimale Effizienz in ihren internen Wertschöpfungsprozessen, wenn sie mit den geringsten Kosten das gewünschte Ergebnis produziert. Daher planen Organisationen die Strukturen der Arbeitsteilung, der Spezialisierung, des Austausches, der Abstimmung und die Nutzung des Produktivitätspotenzials ihrer Mitglieder. Die Institution Gender beeinflusst dabei explizit und implizit Planung und Nutzung. Die empirische Personalforschung hat anhand von Personalstatistiken gezeigt (vgl. Wunderer/Dick 1997), dass männliche und weibliche Mitglieder, in der Regel sind es 75 Prozent bis 100 Prozent Männer, nicht entsprechend ihrer Leistungsfähigkeit und Potenziale für Managementfunktionen eingesetzt werden, obgleich belegt ist, dass es hier keine signifikanten Geschlechterunterschiede gibt. Wenn Positionen nicht mit den am besten geeigneten männlichen Personen besetzt und bestens geeignete Frauen zurückgewiesen werden, dann ist das ein Indikator für eine *genderunfaire Organisationskultur*.

5.5 Feminismusdebatten und Genderkommunikation

Feministische Theorien und die Maskulinitätsforschung untersuchen die Bedeutung und Auswirkungen von Gender in der Gesellschaft und zeigen vielfach, dass es kaum eine bedeutsame Facette der Kultur gibt, wie Sprache, Erziehung, Sexualität, Familienleben oder Berufstätigkeit, die keine Genderaspekte enthalten. Daher ist es eine Zielsetzung, die vorurteilsbehafteten gängigen Geschlechtsrollenstereotype und die gendertypischen Zuschreibungen für Männer und Frauen zu dekonstruieren, um ein Fundament für hierarchiefreie Geschlechterverhältnisse in der zukünftigen Gesellschaft zu schaffen.

Der liberale Feminismus befasst sich mit dem öffentlichen Bild von Weiblichkeit, der Emanzipation und den Rechten der Frauen und strebt die gleiche Verteilung von Positionen und Ressourcen für Frauen und Männer an. Für den *radikalen* Feminismus ist das Hauptziel nicht die Herstellung gleicher Rechte, sondern die Veränderung der Struktur und Ökonomie der patriarchalen Gesellschaft, die Frauen abwertet, marginalisiert und unterdrückt und der Entwurf einer neuen nachpatriarchalen Gesellschaftsform.

Der Feminismus, der aus unterschiedlichen Theorieschulen besteht, kritisiert die klassischen Kommunikationslehren scharf (Foss/Foss/Trapp 1991) und ist besonders populär geworden mit seinen Kommunikationsstudien zur androzentrischen Prägung der Sprache, die maskulin und neutral formuliert und damit die Wahrnehmung erzeugt, dass die Welt ohne Frauen existiert. Die erste Forderung feministischer Kommunikationsforschung mit liberalem Hintergrund wird mit *inclusion stage* (ebd.) bezeichnet und verlangt mehr öffentliche Anerkennung für die wissenschaftlichen Beiträge von Frauen zum Sexismus in der Sprache, zu Geschlechtsunterschieden in der Kommunikation, bei Denk- und Handlungsstilen und von großen weiblichen Rhetorikerinnen in der Geschichte und der Gegenwart. Aus radikaler Perspektive gilt die Forderung nach *revisionist stage*. Das verlangt die Veränderung konventioneller Definitionen von effektiver Kommunikation und Rhetorik und die Elemente des weiblichen alltäglichen Kommunikationsstils sowie den privaten und sozialen Redekontext als effektiv zu bezeichnen und nicht maskuline Dialektik, Überzeugungs- und Beeinflussungstaktiken.

Zu den elaborierten feministischen Kommunikationsstudien zählen Arbeiten über Sprache und Macht (Penelope 1990). In allen Kulturen vermittelt die „Herkunftssprache" ihren Mitgliedern ihre kognitiven und emotionalen Erfahrungen und die Weltsicht und damit auch kulturgebundene Kategorien für wahr und falsch. Die Sprache ist daher auch das Instrument einer Kultur, das die Machtverhältnisse zwischen Männern und Frauen, den geschlechtstypischen Sprachstil und die unterschiedlichen Kommunikationsräume für Frauen und Männer regelt. In männerdominierten Kulturen ist die Sprache maskulinisiert und werden Frauen zum öffentlichen Schweigen gebracht.

Dieser Prozess wird beschrieben in der *muted-group-theory* (Ardener 1978). Sie begründet die mehrfache Unfähigkeit der Frauen, den öffentlichen Diskurs so frei und selbstsicher zu führen wie Männer und erklärt den frauentypischen Stil, bei dem sprachliche Äußerungen und der eigene Kommunikationsstil hinsichtlich der persönlichen und sozialen Auswirkungen genauer und selbstkritischer beobachtet werden als es für den typisch männlichen gilt. Unter den gesellschaftlichen Restriktionen benutzen Frauen komplexere nonverbale körpersprachliche Ausdrucksformen und Gefühlsäußerungen. Treffen weiblicher und männlicher Kommunikationsstil aufeinander, dann gewinnt in Argumentationen und Konflikten der männliche Stil als Folge der gesellschaftlichen Dominanz der Männer. Wegen der Ungleichheit von Frauen und Männern müssen Frauen ihren eigenen Stil männlich verständlich „übersetzen", wenn sie am öffentlichen Leben in der Wirtschaft, Wissenschaft und Politik teilnehmen wollen. Frauenrechtlerinnen haben daher als Gegengewicht neue Wörter kreiert, z.B. herstory anstelle von history, für die Entwicklung einer Frauensprache (Foss/Foss 1991). Auch die Internetkommunikation und die virtuellen Kommunikationsmedien reproduzieren die Ungleichheit von Frauen und Männern (Kramarae 1981). Die private Alltagskonversation und die Kommunikation am Arbeitsplatz sind gekennzeichnet durch vielfältige Kommunikationsprobleme zwischen Männern und Frauen, die Indikatoren für deren ungelöste Machtkonflikte sind.

5.6 Genderkommunikations-Hierarchie

Neben generellen Interaktionsordnungen in Organisationen und Institutionen, existiert eine eigene Interaktionsordnung zwischen Personen, die durch bewusste gegenseitige Aufmerksamkeit unmittelbare soziale Wechselwirkungen in einer Situation erzeugt. Wie Frauen und Männer in sozialen Situationen interagieren und sich typischerweise arrangieren, beschreiben die Konzepte der Interaktionsordnung und des Geschlechterarrangements (Goffman 1974), die mit den Methoden der beobachtenden und beschreibenden Feldforschung die unmittelbaren geschlechterkonformen Verhaltensmuster und Rituale von Männern und Frauen im Rahmen sozialer Alltagssituationen, von Ereignissen, Zusammenkünften und auf natürlichen öffentlichen Schauplätzen wie Restaurants, Tankstellen oder in der Werbung veranschaulichen.

5.7 Selbstdarstellung, Selbstkonzept und Kommunikation

Sprache und Ausdrucksverhalten signalisieren die Position eines Individuums und seine Zugehörigkeit zu gesellschaftlichen Klassen und Gruppen und dienen der Selbstdarstellung in der Öffentlichkeit. Öffentlichkeit sind alle mit der Kommunikation erreichbaren Personen. Nach den Analysen von Goffman (1974) zur „face-to-face-Interaktion" sind Individuen damit befasst, sich gegenüber Gesprächspartnern und wichtigen Bezugspersonen möglichst günstig darzustellen, um Aufmerksamkeit zu erzielen, um als kompetent und zuverlässig zu erscheinen. Zur Selbstdarstellung benutzen Individuen Techniken und typische Verhaltensmuster, die ihrem Bild und Konzept von sich selbst, ihrem *Selbstkonzept* entsprechen.

Wissenschaftlich ist Selbstkonzept definiert als die Gesamtheit der auf die eigene Person bezogenen Beurteilungen und Bewertungen (Mummendey 1995, S. 55) und ist im Wesentlichen mit dem Begriff der Identität gleichzusetzen.

An der eigenen Person, die das Betrachtungsobjekt ist, lassen sich sozusagen alle körperlichen, psychischen und sozialen Merkmale beurteilen, wobei sich die Urteile auf die Vergangenheit, die Gegenwart oder die gewünschte Zukunft beziehen können. Selbstkonzept und Identität sind bei Männern und Frauen geschlechtstypisch ausgeprägt. Empirisch ist gezeigt worden, dass das Selbstkonzept situationsspezifisch variiert und bereichsspezifisch ist und Männer und Frauen entsprechend der geschlechterbezogenen Erwartungen ihre unterschiedlichen Selbstkonzepte in sozialen Interaktionssituationen und in Lebensbereichen wie Familie oder Beruf präsentieren.

Vor und während des Prozesses der Selbstdarstellung spielt die *Selbstaufmerksamkeit* eine wesentliche Rolle. Sie beschreibt den Zustand der Selbstbewusstheit in einer Situation und löst die Selbstüberwachung des eigenen Verhaltens anderen Personen gegenüber in einer bestimmten Situation aus. Männer und Frauen unterscheiden sich statistisch signifikant hinsichtlich des Ausmaßes an Selbstüberwachung in Interaktionen. Geschlechtstypisch fragen sich viele Frauen in sozialen Situationen „Wer erwartet von mir was in dieser Situation, wie soll ich sein und wie kann ich diese Person sein?" Es ist Ausdruck einer hohen Selbstaufmerksamkeit, die ausgelöst wird durch die Aufnahmefähigkeit sozialer Signale in Interaktionen und das Bestreben, angemessenes Verhalten zu zeigen. Die Mehrzahl der Männer fragt sich hingegen „Wer bin ich und wie bleibe ich in dieser Situation so, wie ich bin?" Diese Einstellung signalisiert eine geringe Selbstaufmerksamkeit und führt dazu, die Erfordernisse der Situation eher unberücksichtigt zu lassen.

Vom Ausmaß der Selbstaufmerksamkeit wird auch die Art der Selbstdarstellung mitbestimmt. Das Bedürfnis, ein positives *Selbstwertgefühl* zu erreichen, zu erhalten und zu verbessern, hat einen weiteren maßgeblichen Einfluss auf das Verhalten und seine Variationen in Interaktionssituationen. Um emotional stabil, positiv gestimmt und funktionstüchtig zu sein und um mögliche Bedrohungen des Selbstwerts durch Interaktionspartner zu reduzieren, zeigen Individuen selbsterhöhende Verhaltensweisen oder praktizieren, wenn das ideale Selbst noch nicht erreicht ist, *symbolische Selbstergänzung*. Die einfachste Methode,

Selbstergänzung zu erreichen oder zu signalisieren, ist es, sich Eigenschaften einfach zuschreiben. So sprechen sich Frauen ohne eigene Kinder besondere Erziehungskompetenzen zu und fordern von Eltern bei Erziehungsfragen stärker als Frauen mit Kindern, dass Eltern ihre Meinung und Auffassungen von Erziehung übernehmen sollen. Zur Selbstergänzung statten sich Menschen auch mit besonderen Objekten aus. Männliche und weibliche Geschäftsleute tragen elegante Markenanzüge und Markenschuhe, teure Uhren und Aktenkoffer oder Frisuren, die einen besonderen Status und das Bedürfnis nach einer spezifischen Identität ausdrücken sollen.

Personen reagieren nicht nur auf die Dinge der objektiven Umwelt, sondern auch auf Symbole, denen eine durch gesellschaftliche Sozialisation gelernte Bedeutung zugeschrieben wird. So gelten in westlichen Kulturkreisen ein muskulöser Körperbau oder Schlankheit als Symbol für Gesundheit, Schönheit oder Reichtum. Frauen und Männer benutzen Symbole geschlechtstypisch, um ihr Selbstwertgefühl zu stärken, sich darzustellen, den erwünschten Eindruck zu machen und ihr Image auf Geschlechtskonformität zu kontrollieren. In der Arbeitswelt können Frauen und Männer so den für den Karriereverlauf wichtigen *social approval,* die notwendige soziale Zustimmung und Belohnung in Form von Karrierechancen und Aufstiegsmöglichkeiten erwarten.

Das bedeutsamste Symbolsystem ist die verbale und nonverbale Kommunikation. Sie bestimmt den sozialen Einfluss und die soziale Macht in beruflichen Interaktionen und damit auch die Chancen und den Verlauf von Berufskarrieren. Dem Sprachstil, einzelnen Wörtern oder non-verbalem Verhalten wie Gesten oder dem Gesichtsausdruck schreibt man ebenso wie objektiven Dingen Bedeutungen und geschlechterbezogen zusätzlich eine spezifische Bedeutung zu.

Wer in der Arbeitswelt und im Berufsleben eine überdurchschnittliche Karriere anstrebt, muss auf die Mitglieder seiner Organisation Eindruck machen, sie beeinflussen, steuern, manipulieren und von seiner Eignung überzeugen. Dieser Prozess wird mit *Impressionsmanagement* bezeichnet. Die Strategien und Taktiken des Impressionsmanagements haben Tedeschi/Norman (1985) klassifiziert. *Strategisches* Impressionsmanagement ist situationsübergreifend, *taktisches* situationsspezifisch angelegt. Möchte eine Person, dass ihr Führungspotential für hohe Positionen zugeschrieben wird, kann sie strategisch ihr Lebensmodell und Arbeitsverhalten am Stereotyp „männlicher Manager" ausrichten. Taktisch motiviert, würde die Person in einem Assessment-Center zur Führungskräfteauswahl in einem Rollenspiel entgegen ihrer Persönlichkeit situativ autoritär und aufgabenorientiert auftreten. Impressionsmanagement-Taktiken, die auf Selbstbehauptung setzen, sollen offensiv und positiv, die auf Verteidigung zielen, defensiv und negativ wirken.

In Organisationen ist vor allem das Impressionsmanagement von männlichen und weiblichen Managern in Führungssituationen untersucht sowie die

Rolle des Geschlechts der Vorgesetzten für die Wahl der Selbstdarstellungstaktik. Führungskräfte können Akzeptanz mit guten Leistungen und mit Aufgabenorientierung oder mit Beliebtheit und Mitarbeiterorientierung gewinnen. Zuverlässig bestätigt ist, dass geschlechterstereotype Rollenerwartungen die Selbstdarstellung und Eindruckssteuerung prägen. Die im beobachtbaren Verhalten sprachlichen Geschlechtsunterschiede betreffen nicht alle Sprachbereiche, sondern lexikalische und syntaktisch-pragmatische Funktionen, insbesondere die Nutzung von Wörtern und Ausdrücken, die Pragmatik im Umfang und Ausdruck anzeigen sowie des Weiteren die Regeln, nach denen Frauen und Männer in einem unterschiedlichem sozialen Kontext den Redefluss („turn-taking") aufrecht erhalten (Klein 1995).

Männliche Führungskräfte stellen geschlechtsrollenkonform ihre Führungskompetenzen heraus, weibliche Führungskräfte ihre sozial-emotionalen Fähigkeiten und sie neigen häufiger zum Understatement. In Gruppensituationen zeigen sie sich meinungskonformer, wenn Impressionsmanagement erforderlich wird. Männliche Personen zeigen häufiger als weibliche Selbstvertrauen und weniger Bescheidenheit bei der Selbsteinschätzung erbrachter Leistungen. Männer gebrauchen seltener als Frauen Entschuldigungen, die auf Konsens zielen. In karriererelevanten Auswahlinterviews geben sich Frauen offener, aufrichtiger, stellen sich weniger durchsetzungsfähig dar und öffnen sich bei gleichgeschlechtlichen Interviewpartnern bereitwilliger. Generell verwenden Frauen die Selbstdarstellungstechnik Self-disclosure häufiger und öffnen sich daher in allen Interaktionssituation mehr. In der Anfangsphase einer Interaktion zeigen Frauen unter sich mehr positive Zuwendung und mehr Engagement als Männer unter sich.

Die Art der beruflichen Selbstdarstellung einer Person wirkt sich auf den Verlauf ihrer Karriere ebenso aus, wie auf Beurteilungen durch andere und ihren Status in einer Gruppe. Männer und Frauen setzen aus Gründen der Strategie und der Taktik sowohl offensive als auch defensive Selbstdarstellungstechniken ein, um ihr Gegenüber, bewusst oder unbewusst, zu beeinflussen.

Damit Personalentscheider nicht durch selbstwertdienliche Selbstdarstellungstechniken von Bewerberinnen und Bewerbern beeinflusst werden, bedarf es auch hier eines fundierten Wissens über die Auswirkungen von Gender.

Selbstdarstellungstechniken können generell offensiv oder defensiv sein. Beide Arten werden von beiden Geschlechtern situationsabhängig angewandt. Es ist bestätigt, dass Frauen dazu neigen, die defensiven Taktiken zu benutzen, während Männer die offensiven Taktiken bevorzugen.

Tab. 2: Selbstdarstellungstaktiken

Offensive Taktiken:	**Defensive Taktiken:**
• Eigenwerbung • Übertreibungen • Betonung wichtiger Kontakte und Einflüsse • Expert/innentum • Unterstreichen von Status und Prestige (bspw. durch Kleidung u. Automarken) • Hervorhebung von Glaubwürdigkeit u. Vertrauenswürdigkeit • Bemühen um Vorbildwirkung • Betonung von Problemlösungskompetenzen	• Offenheit und Ehrlichkeit in Interviews • Betonung sozialer und emotionaler Kompetenzen • Vorgezogene Entschuldigungen für evtl. auftretende Schwierigkeiten • Offenbarung eigener Fehler u. Schwächen • Scheu vor der Übernahme von Verantwortung • Signalisierung von Hilflosigkeit durch Untertreibung eigener Fähigkeiten und Kompetenzen

Zur Psychologie der Selbstdarstellung und ihren selbstwertdienlichen Funktionen gibt Mummendey (2002) eine ausführliche Darstellung.

5.8 Gender und der Kommunikationsstil Community of Practice

Eine Reihe von Publikationen versucht zu erklären, wie der Kommunikationsstil von weiblichen Führungskräften in Auswahlverfahren, in Beförderungssituationen und bei Leistungsbeurteilungen ihren weiteren Aufstieg behindert (West 1995). Weitgehender Konsens besteht darüber, dass Frauen, die in Wirtschaftsorganisationen Führungskarriere machen wollen, generell den dominanten Sprachstil beherrschen müssen, den erfolgreiche Inhaber von Management- und Führungspositionen praktizieren. Diese Annahme bekräftigt allerdings Geschlechterstereotype und übersieht, dass kooperative und supportive Sprachstilelemente in manchen beruflichen Situationen für Frauen vorteilhafter sind.

Der Zusammenhang von Gender und Kommunikation ist jedoch differenzierter, als dass er sich allein mit Gender-Dominanz und Gender-Differenz ausreichend verstehen ließe. Individuen demonstrieren ihre Geschlechtsidentität nicht nur situationsabhängig unterschiedlich, sondern passen ihren Sprachstil an die jeweiligen sozialen und kulturellen Praktiken einer Community an (Eckert/McConell-Ginet 1992). Personen interagieren mit einer Vielfalt unterschiedlicher Gruppen und richten sich dabei in Verhalten und Sprachstil an der jeweiligen Gruppe aus. Sie handeln und reden gemeinschaftsbezogen im Kommunikationsstil der *Community of Practice (CofP)*. Mit der Identifikation der CofP variieren Personen jeweils auch ihre Geschlechtsidentität. Das Ergebnis sind kulturabhängige multiple männliche und weibliche Gender-Identitäten, Gender-Diversities und variable Geschlechterverhältnisse.

Der CofP-Ansatz ist in mehrfacher Hinsicht vielversprechend. Er hilft, den interkulturellen, branchenspezifischen und lokalen Kontext von Kommunikation zu untersuchen und herauszufinden, in welchem organisationalen Kontext sich genderstereotype und karrierehinderliche Sprachstile auflösen lassen. Bergvall (1999, S. 279) argumentiert, dass mit dem CofP-Ansatz Frauen die vielfältigen, vor allem die ihnen fremden Kommunikationsmuster von männerdominierten Gruppen in Organisationen, in Konkurrenzsituationen oder in Arbeitssituationen lernen und sogar die Nuancen der geschlechterbezogenen Siebungsfunktionen für den Karriereprozess verstehen können. So hat CofP vielfältige Implikationen für den Status und die Karriereentwicklung von Frauen in Organisationen.

6 Schlüsselfelder für Frauen im Karriereprozess

6.1 Assessment Center

Assessment Center (AC) heißt „Beurteilungszentrum" und ist ein besonderes Personal-Auswahlinstrument. Am AC nehmen Bewerber/innen und eine Beurteilergruppe, die Assessor/innen, teil. Die Bewerber/innen werden entsprechen des Anforderungsprofils der Position mit spezifischen Aufgabenstellungen konfrontiert, so dass die Assessoren/innen die Bewerber/innen hinsichtlich ihrer Potentiale oder ihrer Eignungen vergleichen können. In der Regel nehmen 12 Bewerber/innen und 6 Beobachter/innen unter der Leitung eines Moderators/einer Moderatorin am AC teil. Die Besonderheit des AC ist es, dass die Bewerber/innen mehrfach hinsichtlich ihrer Eignung für die ausgeschriebene Position und deren Anforderungen beurteilt werden.

Bei der Beurteilung und Auswahl von Bewerber/innen, spielen nicht nur Ausbildung, Qualifikation oder deren Erfahrung eine Rolle, sondern vor allem die Geschlechtszugehörigkeit, Genderstereotype und Vorurteile. Die Beurteilung von männlichen und weiblichen AC-Teilnehmern folgt dabei einem einfachen und häufig unbewussten Gender-Reiz-Reaktions-Schema.

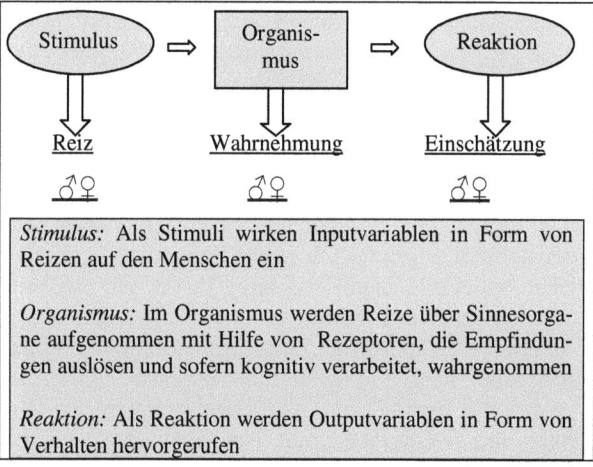

Abb. 1: Reiz-Reaktions-Schema bei der Beobachtung und Beurteilung menschlichen Verhaltens

In Personalauswahlprozessen haben die aus der sozialen Wahrnehmung bekannten Beurteilungsfehler, Sympathie- und Antipathieempfindungen, Denkfehler und der Genderbias urteilsverzerrende Wirkungen. Personalauswahl ist immer mit einer doppelten Unsicherheit behaftet: Unsicherheiten bestehen sowohl hinsichtlich der angebotenen Position als auch der Personen, die sich darum bewerben.

1. Es gibt keine allgemein gültigen Eigenschaftskataloge für erfolgreiche Führungskräfte und es besteht Unsicherheit über den Umfang der Führungsanforderungen bei einer konkreten Führungsaufgabe. Man kann eine Führungsposition jeweils nur ungefähr beschreiben und eben nicht ganz genau sagen, welche Eigenschaften oder Verhaltensmerkmale für die adäquate Ausübung einer Führungsfunktion und in den spezifischen Führungssituationen tatsächlich erfolgreich sein werden.
2. Es besteht ebenso Unsicherheit über das tatsächliche Potenzial und die Validität der Merkmale der Personen, die sich um die Position bewerben. Es besteht prinzipiell ein zweifaches Informationsdefizit.

Personalauswahl findet daher generell unter Informationsmängeln und in der Praxis zudem oft unter Zeitdruck statt. Das Informations- und das Zeitproblem werden in der Regel schlecht gelöst und zwar folgendermaßen:

Informationslücken werden ersetzt durch stereotype Bilder von

→ Führungspositionen und Führungskräften

→ männlichen und weiblichen Personen

und zu einem Gesamtbild oft völlig unbewusst ergänzt.

In einem genderblinden Assessment Center treten spezifische Beurteilungsfehler auf. Wie Analysen zu Genderfairness von Assessment Centern ergeben haben, hängt das Ausmaß von Urteilsfehlern gegenüber Bewerber/innen davon ab, wie das Verhältnis von männlichen und weiblichen Assessoren im AC ist. Die subjektiven Sichtweisen, d.h. die persönlichen Erfahrungen und Denkschemata von Assessoren/Assessorinnen bei der Verhaltens- und Leistungsbeurteilung und bei Personalentscheidungen sind dabei häufig relevanter als objektive Kriterien, insbesondere dann, wenn es um die Beurteilung von Führungseignung im Zusammenhang mit Männlichkeit und Weiblichkeit geht. Neubauer (1990) hat die Situation von Frauen im Assessment Center untersucht und kam zu dem Ergebnis, dass sich Bewerberinnen bei den Präsentationen in einem spezifischen Kommunikations- und Interaktionsdilemma befinden und zwar aus folgenden Gründen:

→ Bei einer asymmetrisch besetzten Beurteilergruppe für AC (im Assessorenteam sind mehrheitlich Männer oder mehrheitlich Frauen) kommt es zu mehr Stereotypisierungen.

Frauen haben es schwerer im AC, wenn, wie es z.b. in technischen Unternehmen der Fall ist, nur wenige Frauen in Führungspositionen sind und das in der Regel männlich besetzte Assessorenteam und sich die Personalentscheider bei ihren Beobachtungen, Beurteilungen und Entscheidungen an ihren „guten, schlechten und geschlossenen Männerbildern" orientieren. Frauen müssen dann verbal und nonverbal „beweisen", dass sie ein guter, aber kein schlechter Mann sind und dazu eine gute Frau, so wie man sich nach dem Stereotyp eben eine Frau vorstellt. Frauen müssen also die Vorstellung der Assessoren „männliche Führungskraft" und „gute Frau" zugleich erfüllen können. Zeigen Frauen den männlichen Stil im AC, dann ist „nicht gut Kirschen essen" mit ihnen, zeigen sie den weiblichen Stil, dann könnte es heißen „wird nicht genug Biss haben als Führungskraft". Die Auflösung solcher Wahrnehmungsverzerrungen wird bisher nur den Bewerberinnen zugemutet. Eine genderkompetente Personalauswahl setzt richtigerweise bei den Genderstereotypen vor allem der männlichen Assessoren ein, indem bei ihrer Schulung auch an Männlichkeits- und Weiblichkeitsstereotypen gearbeitet und Genderkompetenz unterrichtet wird. Bei symmetrischer Besetzung (gleich viel Frauen und Männer im Assessorenteam) kommt es eher zu genderfairen Entscheidungen.

Zusätzlich ergeben sich Beurteilungsfehler, wenn die Beobachtungsdimensionen und die Aufgaben falsch konstruiert sind und die Beobachtergruppe hinsichtlich geschlechterbezogener Beurteilungsfehler nicht geschult wird. Je ungenauer die Informationen über die Bewerber/innen, umso größer ist der damit entstehende Deutungsspielraum für die Beobachtergruppe und umso mehr neigt sie dann zu stereotypen Beurteilungen. Die weitaus meisten Auswahlentscheidungen werden durch den Einfluss von Geschlechterstereotypen zuungunsten der Bewerberinnen geschaffen. Es gilt nach wie vor bei der Personalauswahl: Maskulin zu sein, ist die beste Eignung für höhere Managementpositionen und das halten sowohl Frauen als auch Männer für richtig (Gmür 1997) (vgl. Abb. 2).

Wie wichtig die Schulung in Genderkompetenz für eine faire und richtige Personalauswahl ist, zeigt wie verbreitet heute noch geschlechterstereotype Beurteilungen in der Theorie und Praxis der Unternehmensführung sind. Denn in Unternehmen bevorzugen die Praktiker in der Personalauswahl zu 71 Prozent männliche Stereotype. Nur ein Drittel der Praktiker in Unternehmen bewertet männliche und weibliche Eigenschaften als gleichwertig. Studierende bevorzugen sogar zu 95 Prozent männliche Stereotype. Im Lehrplan der Betriebswirtschaftslehre haben Genderaspekte noch keinen Eingang gefunden, obgleich die Genderforschung und die Betriebswirtschaftslehre sich an der

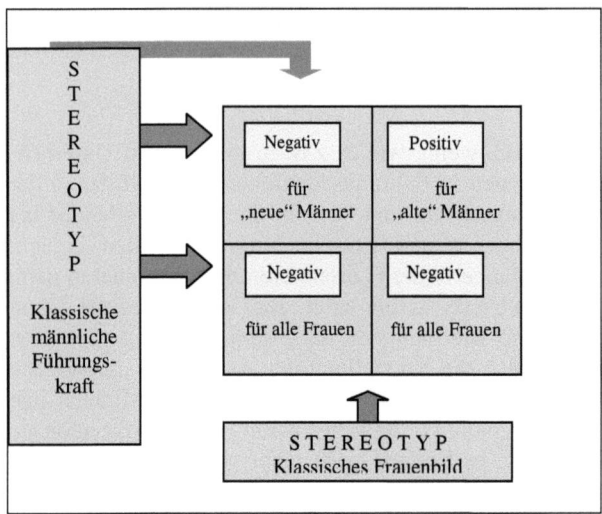

Abb. 2: Verlierer und Gewinner und Auswirkungen im genderblinden Assessment Center unter dem Einfluss von Stereotypen (Welpe/Welpe 2003, S.175)

Schnittstelle Organisation treffen (vgl. Welpe 2006). Es erscheint nicht verwunderlich, solange noch 85 Prozent der forschenden und lehrenden BWL-Professoren männlich sind.

Da heute in großen wie in mittelständischen Unternehmen häufig ein mehrtägiges ausgeklügeltes Assessment Center als Standardauswahlverfahren benutzt wird, ist es unter dem Chancengleichheits- und Leistungsaspekt in Organisationen wichtig, Geschlechterstereotype und damit kostspielige Auswahlfehler oder Ungerechtigkeiten gegenüber Bewerber/innen zu vermeiden. Der richtige Umgang mit dem Kommunikationsdilemma im AC beeinflusst die Karrierechancen für Frauen positiv.

6.2 Aufstieg in hohe Positionen

Gibt es eine Gender-Selektion für Führungspositionen? Relevant werden tatsächliche oder vermeintliche Geschlechtsunterschiede dann, wenn man die gegenwärtige Verteilung von Führungspositionen auf Frauen und Männer betrachtet. Die Verteilung ist die Folge diskriminierender Bewertungen für Frauen im Beruf und einer Genderselektion.

Abbildung 3 zeigt, die empirisch gefundenen Normalverteilungen für das Humankapital bei Frauen und Männern. Frauen sind heute in gleicher Weise gut und akademisch ausgebildet wie Männer und können sogar bessere schulische und akademische Leistungen vorweisen. Dieser Fakt wird jedoch nicht bei der Besetzung von Führungspositionen adäquat abgebildet. Genderstatistiken zeigen, dass auf den Managementebenen der Unternehmen der Frauenanteil zwischen drei und 30 Prozent schwankt und mit der Höhe der Hierarchieebene abnimmt. Wenn wir aber davon ausgehen können, dass es keinen Unterschied hinsichtlich der Managementfähigkeiten gibt, dann ist die Annahme folgerichtig, dass ein großer Teil der Führungspositionen nicht mit den fähigsten männlichen Personen, sondern nur mit den zweitbesten besetzt ist. Unternehmen müssen sich unter der eigenen Zielsetzung der Maximierung der ökonomischen Erträge nun selbstkritisch fragen, wie sie eine solche schiefe Verteilung begründen. Es sei allerdings angemerkt, dass vor allem in allen Technikbranchen (und technischen Studiengängen) derzeit nicht genügend Frauen zu finden sind. Gleichwohl ist auch hierfür eine der Ursachen in den maskulinen Organisationskulturen zu suchen. Die Annahme für die Ungleichverteilung (vgl. Abb. 3) ist, dass Unternehmen nach anderen Kriterien als nach Leistungskriterien viele Managementpositionen besetzen. Es wird auch überzufällig nach Geschlecht bevorzugt (männlich) oder zurückgewiesen (weiblich).

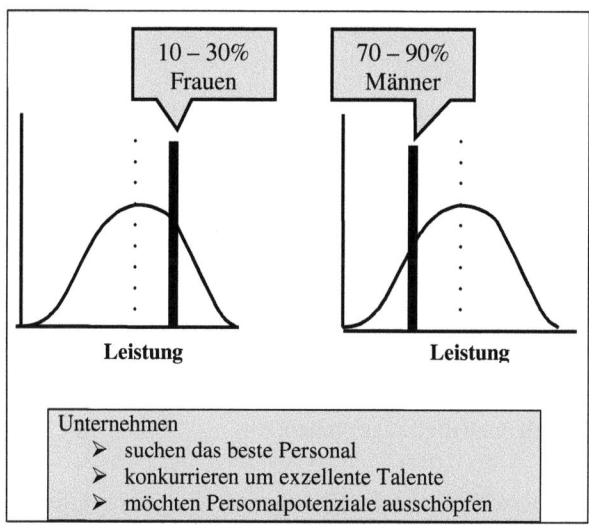

Abb. 3: Verteilung des weiblichen und männlichen Humankapitals (modifiziert Welpe/Welpe 2003, S. 95)

6.3 Konflikte

Organisationen als ein komplexes System formeller und informeller sozialer Beziehungen bergen mannigfaltige Konfliktpotenziale in den diversen Beziehungsstrukturen und Beziehungsdynamiken ihrer Mitglieder. Konflikte sind unterscheidbar in

- intra-personale (in der Einzelperson selbst liegend)
- inter-personale (zwischen Einzelpersonen)
- intra-Gruppenkonflikte (gruppenintern)
- inter-Gruppenkonflikte (zwischen Gruppen, Organisationen, Institutionen)

und drehen sich um

- begrenzte Ressourcen („Issues")
- Eigenschaften und Verhaltensweisen (immaterielle Dinge)
- Interessen und Werte (Sachgebiete)
- Ziele und Mittel (Sachzusammenhänge)
- Strategien, Vorgehensweisen (Strukturen)

(Beck und Schwarz 2000^2, S. 34f. u. 29f.)

Jede(r) Berufstätige hat schon einmal die Erfahrung machen müssen, dass die Zusammenarbeit zwischen Kollegen/innen oder mit Vorgesetzten nicht immer reibungslos verläuft – Probleme zwischen Menschen gehören zum Arbeitsleben dazu, führen zu Auseinandersetzungen und Streitereien am Arbeitsplatz. Häufig ist die Erfahrung, dass Konflikte negative Auswirkungen auf die Arbeitsleistungen, die Arbeitsorganisation, den Arbeitsablauf und die Arbeitszufriedenheit haben. Für den konstruktiven Umgang mit Konflikten im beruflichen Alltag sind also bei Mitarbeiter/innen, insbesondere aber Vorgesetzten entsprechende Konfliktmanagement- und Konfliktlösekompetenzen zu entwickeln.

In diesem Kontext mag sich auch die Frage stellen, ob

- Frauen und Männer unterschiedliche Konfliktthemen und Konfliktfelder haben
- es ein unterschiedliches Konfliktverhalten sowie
- unterschiedliches Konfliktloseverhalten von Frauen und Männern gibt.

Im Hinblick auf die erste Frage hat beispielsweise eine Untersuchung von Busse (2004) gezeigt, dass Frauen und Männer etwa gleich viele Probleme miteinander haben, dass aber Frauen weit mehr Probleme mit Frauen haben als Männer, vor allem in Arbeitsbereichen, in denen Frauen zahlenmäßig dominieren. Dieses Phänomen, salopp als „Stutenbissigkeit" oder „Zickenkrieg" bezeichnet, benennt ein Konkurrenzphänomen, das auf der Ebene von Kompetenz und Attraktivität angesiedelt ist. Es ist geprägt durch indirekte bzw. defensive Strategien wie intrigantes, missgünstiges Verhalten, Sticheleien, das Verbreiten von Gerüchten, versteckte Aggressivität u.a.m. Männer aber gehen durchaus in die Offensive und Brüllen und Drohen auch einmal. Das Konfliktverhalten von Frauen und Männern unterscheidet sich in dieser Hinsicht deutlich voneinander. Frauen gehen anders als Männer offenen Auseinandersetzungen eher aus dem Weg, hadern stärker mit sich und anderen und möchten in der Konfliktsituation die Harmonie zwischen den Konfliktparteien möglichst aufrecht erhalten, auch um den Preis, dass der Konflikt unter der Oberfläche weiterbrodelt. Das statistisch signifikant unterschiedliche Verhalten von Frauen und Männern steht im Zusammenhang mit ihrer geschlechtsspezifischen Sozialisation und den weiblichen und männlichen Geschlechterstereotypen. Während Frauen sich aufgrund dessen häufiger beziehungsorientiert verhalten, verhalten sich Männer häufiger leistungs- und gewinnorientiert, während Frauen die Harmonie erhalten wollen und am Austausch von Gefühlen interessiert sind, wollen Männer ein Ziel erreichen. Diese Haltungen werden auch auf den Beruf übertragen. Frauen stellen auch hier Konflikt und die Qualität einer Beziehung in einen Zusammenhang und scheuen sich aus Angst vor Beziehungsverlust, den Konflikt auszutragen. Konfliktfähigkeit aber beinhaltet gerade, sich einer Auseinandersetzung zu stellen, den Konflikt durchzustehen und angemessene Reaktionen zu zeigen. Eine wichtige Voraussetzung dafür ist, seine eigenen Verletzlichkeiten und empfindlichen Stellen zu kennen, um im Streitfall nicht gleich aus der Haut zu fahren und um mit den eigenen Emotionen gelassen umgehen zu können.

Aggressionen werden bei Frauen und Männern unterschiedlich ausgelöst und auf gleiche Auslöser wird unterschiedlich reagiert. Während Männer am meisten verbale oder körperliche Aggressionen anderer Männer aggressiv machen, sind es für Frauen herablassende Äußerungen von Frauen und Männern. Nach Aggressionen fühlen sich Frauen schlechter als Männer, die viel schneller zur Tagesordnung zurückkehren können, Frauen sind weitaus nachtragender. Der Aggressionsstil von Frauen kann als reaktiv und affektiv, der von Männern als proaktiv und instrumentell bezeichnet werden (Welpe/Welpe 2003, S. 112f.). Schon 2003 wiesen Welpe und Welpe darauf hin, dass die Wirtschaftssituation Konflikte und Konkurrenzsituationen um beruflichen Aufstieg und Führungspositionen zwischen „erfolgshungrigen Menschen" (a.a.O., S. 113) schaffe und es auf das „richtige Ausmaß an Durchsetzungskraft, Streitlust und Konfliktfähigkeit" (ebd.) auf dem Weg nach oben ankomme. Bis heute dürfte diese Situation insbesondere für Frauen nicht einfacher geworden sein.

Die „Wahl" einer Konfliktlösungsstrategie, das Verhalten in der Konfliktbewältigung bestimmt die Interaktionen zwischen den Konfliktparteien und hat

Auswirkungen auf ihre künftige Beziehung und Zusammenarbeit. Die Art der Konfliktlösungsstrategie entscheidet insbesondere über die Zufriedenheit der Konfliktparteien mit der vereinbarten Lösung. Häufig wird versucht, Konflikte einfach auszusitzen, sich „durchzuwurschteln", jedoch löst das meistens den Konflikt nicht, vielmehr schwelt er weiter und flammt zu gegebener Zeit neu auf. Machtorientierte Konfliktlösungen, d.h. eine einseitige Durchsetzung von Interessen, sind zumeist auch nur kurzfristig erfolgreich, da sich eine Partei als Verlierer fühlt und entsprechende Abwehrreaktionen zeigt (z.b. Resignation, Widerstand, innere Kündigung). Als ideale Lösung oder auch Win-Win-Strategie gilt daher der Interessensausgleich. Hierbei steht faires Verhandeln und interessenorientierte Verhandlungsführung im Mittelpunkt, d.h. das Erkunden der Interessen, Wünsche und Absichten der Gegenpartei und die Offenlegung der eigenen Interessen.[21] Dadurch können Missverständnisse aufgedeckt und akzeptable Angebote für eine Einigung gemacht werden. Die Zufriedenheit der Beteiligten ist bei dieser Form der Konfliktbewältigung am größten, sichert die Tragfähigkeit der Beziehung und damit die weitere Zusammenarbeit. Möglicherweise muss je nach Schwere, Komplexität und Dauer des Konfliktes für ein solches Vorgehen auf professionelle Hilfe externer Berater/innen (Konfliktmanager/innen, Mediator/innen, Coaches,) zurückgegriffen werden. Im Wesentlichen geht es um die De-Eskalation der Konfliktsituation,[22] darum die Beziehungsstrukturen und einzelnen Ebenen der in den Konflikt einbezogenen Parteien zu klären und eine Optimierung der Konfliktlösungen zu erzielen.

Für Frauen, die einen Mangel an Kompetenz beim Konfliktmanagement verspüren, lassen sich folgende Empfehlungen geben:

1. Es dient vor allem der eigenen Sachlichkeit, wenn die Konfliktinhalte auf den Punkt gebracht werden, zugehört, konstruktiv und vermittelnd nachgefragt und der Gesprächsfaden an der Sache entlang aufrecht erhalten wird. Unsachlichkeit wird befördert durch fehlende Sachbeiträge, Monologe, Respektlosigkeit, Unterbrechungen und Dominanzzeichen. Männliche Konfliktpartner reagieren mit emotionaler Eskalation oder mit Kommunikationsabbruch bei persönlicher Kritik von Frauen, Vorwürfen und Herabsetzungen.

2. Ein ausgeprägter geschlechtstypischer verbaler und nonverbaler Kommunikationsstil wirkt in Auseinandersetzungen wie ein „tertiäres Geschlechtsmerkmal", das zum Durchsetzungsrepertoire des Mannes (Macht) und zum Bezie-

---

21 Als Klassiker der Verhandlungstechnik gilt das. *Harvard-Konzept*, eine Win-Win-Strategie, die darauf ausgerichtet ist, neben der sachbezogenen Einigung die persönliche Beziehung zu erhalten (Fisher/Ury/Patton 1984).
22 Vgl. das Phasenmodell der Eskalation von Glasl (2002): Glasl unterscheidet 9 Stufen der Konflikteskalation, deren Dynamiken in einer Abwärtsbewegung bis in die totale Konfrontation und Vernichtung um jeden Preis führen.

hungsrepertoire der Frau (Emotion, Bindung) gehört und daher das Konfliktmanagement erschwert.

3. Körperzeichen informieren über Absichten und Einstellungen bei Interaktionen im Konfliktgeschehen. Gesten, Gebärden Haltungen, Bewegungen, Blicke und Mimik signalisieren geschlechtstypisch Dominanz, Selbstsicherheit, Führung und Unterwerfung Sie können erhebliche Hindernisse bei Konfliktlösungen sein und führen, wenn unreflektiert, zu erheblichen Missverständnissen. Die visuelle Interaktion, Blicke zwischen Frauen und Männern und das Lächeln von Frauen sind besonders missverständlich. Es empfiehlt sich für karriereorientierte Frauen nicht, Männern genüber zu viel „visuelles Taktgefühl" bei unpassendem Verhalten zu zeigen und in öffentlichen Situationen am Arbeitsplatz, z.B. in Gruppen oder Besprechungen, unangenehme männliche Verhaltensweisen zu „übersehen". Statt Imagepflege ist sachliche Imagekritik erforderlich. Wie zahlreiche Studien zeigen, lächeln Frauen in Konfliktsituationen genderkonform signifikant häufiger als Männer. Es löst die falsche Wahrnehmung aus, dass Frauen zustimmungsbereit und zufrieden seien mit dem Konfliktverlauf oder der Konfliktlösung. Tatsächlich ist das Lächeln von Frauen in Konflikten mit Männern sehr viel häufiger ein Signal für eine Verschärfung der Konfliktlage, emotionale Anspannung und Stresszunahme. Dauerlächeln soll der eigenen Beruhigung und der Reduktion von männlichem Bedrohungspotential dienen, wozu jedoch Methoden des Emotionsmanagement und Argumentationstechniken in Stresssituationen weitaus erfolgreichere Mittel sind. Dauerlächeln, deplatziertes und ambivalentes Lächeln behindern sachorientierte Kommunikation im Konflikt. Im Konflikt haben männliches Blickverhalten wie Drohstarren, Taxieren, Übersehen und ein Pokerface als gespielte Ausdruckslosigkeit, die eine feindliche Position und den Führungsanspruch signalisieren, hemmende Wirkungen auf ungeschulte und unsichere Frauen.

4. Mehr Kompetenz nicht nur in beruflichen Konflikten erreichen Frauen, wenn sie förderliche Einstellungen und Haltungen gegenüber sich selbst haben und Konflikte als reguläre unvermeidbare soziale Sachverhalte im Beruf sehen. Dabei dient zur Vorbereitung eine Konfliktanalyse, die bisherige Vorgehensweisen auf eigene geschlechtstypische Verhaltensweisen und auf männliche Interaktionsformen mit negativen Effekten und auf Konfliktsignale hin überprüft. Dazu wird ein Plan mit Zielen, Ergebnissen und argumentativen Standpunkten entworfen. Positive und erfolgsorientierte Einstellungen zur eigenen Person, zum Thema und zu den Konfliktpartnern werden zum Vorsatz gemacht. Konfliktvermeidungsverhalten wird durch Handlungsorientierung in Konflikten ersetzt. Grundsätzlich hilfreich ist dabei das Wissen, dass Männer aus physiologischen Gründen, die ihr körperliches Stressgeschehen be-

stimmen, Konflikte sowohl weniger lang führen als auch diesen emotional weniger stand halten können als Frauen. Konfliktbearbeitung mit Männern erfordert daher mehr Pausen und eine Dialogstruktur, die sie emotional nicht überfordert. Frauen können daher durchaus erfolgreich die Führung in Konflikten mit Männern übernehmen.

6.4 Entgeltdiskriminierung

Geschlechtstypische Entgeltdiskriminierung wird mit dem Begriff *Gender Pay Gap* (GPG) bezeichnet. Es ist ein Strukturindikator, der den prozentualen Unterschied im durchschnittlichen Bruttostundenverdienst von Männern und Frauen einer Volkswirtschaft für gleiche oder gleichwertige Arbeit erfasst. Mit Gender Pay Gap wird also der Entgeltunterschied zwischen Frauen und Männern, die sog. *unbereinigte Lohnlücke* gemessen. Die *bereinigte Lohnlücke* ergibt sich, werden Frauen und Männer mit gleichem Bildungsniveau, in gleichen Berufen und Branchen und derselben Beschäftigungsform miteinander verglichen (Bundesministerium für Familie, Senioren, Frauen und Jugend 2009a, S. 7).

Zum Entgelt gehören alle Bestandteile, die ein Arbeitgeber in bar oder in Sachleistungen zahlt, wie

- das Grundgehalt (anforderungsabhängige Basisvergütung)
- leistungsabhängige Bestandteile (Leistungszulagen, -prämien)
- Zuschläge/Zulagen
- Zahlungen zur Sicherung von Besitzständen
- Sozialleistungen
- sonstige Bestandteile wie Abfindungen, Darlehen, Belegschaftsaktien, Rentenversicherungsleistungen
- Sachleistungen (z.B. Dienstfahrzeuge/Dienstwohnungen (Bundesministerium für Familie, Senioren, Frauen und Jugend 2009c, S. 11; Schuldt-Baumgart 2009).

Die Einordnung einer Tätigkeit und damit das Entgelt in all seinen Bestandteilen ergeben sich aus den Anforderungen, dem Aufgabenumfang und der Position. Bei der Einordnung und Bewertung einer Tätigkeit sowie bei der Beschreibung der Anforderungen einer Position kommt es zu Diskriminierungen, die Entgeltunterschiede und Benachteiligungen für Frauen nach sich ziehen. Das deutsche und das europäische Recht unterscheiden zwischen *unmittelbarer* und *mittelbarer* Diskriminierung (Richtlinie 2006/54/EG vom 5.7.2006). Bei *unmittelbarer Diskriminierung* wird eine Person aufgrund ihres Geschlechts in einer vergleichbaren Situation schlechter behandelt als eine andere Person, z.B. wenn ein Arbeitnehmer bei gleicher Tätigkeit höher eingruppiert wird als seine Kollegin.

Demgegenüber bezeichnet *mittelbare Diskriminierung* eine Situation, in der dem Anschein nach neutrale Vorschriften, Kriterien oder Verfahren das eine Geschlecht gegenüber dem anderen in besonderer Weise benachteiligen können, z.b. wenn körperliche Belastungskriterien bei einer Altenpflegerin nicht berücksichtigt werden, wohl aber beim Hausmeister in der selben Einrichtung (Bundesministerium für Familie, Senioren, Frauen und Jugend 2009c).

6.4.1 Das Ausmaß des Gender Pay Gap

Während im EU-Durchschnitt Frauen rund 18 Prozent weniger verdienen als Männer, beträgt die Einkommenslücke in Deutschland 23 Prozent, d.h. Frauen in Deutschland verdienen fast ein Viertel weniger als Männer (wobei der Verdienstabstand im Osten Deutschlands geringer ausfällt). Deutschland liegt damit im EU-Vergleich auf dem siebtletzten Platz. Laut Statistischem Bundesamt (2010) verdienten weibliche Beschäftigte in Deutschland im Jahre 2009 im Durchschnitt 14,90 Euro, Männer 19,40 Euro.[23] Schon in den ersten Berufsjahren verdienen Frauen weniger als Männer und im Verlauf des Arbeitslebens vergrößert sich der Einkommensunterschied kontinuierlich. In keinem Bundesland in Deutschland verdienen Frauen gleich viel wie Männer. Das gilt auch auf regionaler Ebene, in Ballungsgebieten beträgt der GPG 12 Prozent, in ländlichen Regionen gar 33 Prozent (Busch/Holst 2008a). Der signifikante und nicht zufällige Einkommensunterschied zwischen Frauen und Männern besteht seit Jahren fort, nichts Wesentliches hat sich trotz aller politischen Appelle, Initiativen und gesetzgeberischen Maßnahmen daran geändert.

6.4.2 Welche Ursachen hat die Entgeltdiskriminierung?

Ursachenanalysen aus der Arbeitsmarktforschung, Lohnstrukturforschung und feministischen Ökonomie weisen einen komplexen Wirkungszusammenhang für die Verdienstunterschiede zwischen Frauen und Männern nach, in dem sich nicht-diskriminierende, objektive und tatsächlich geschlechterdiskriminierende Faktoren mischen. Als wesentliche Ursachen werden die horizontale und verti-

---

23 Insgesamt ist in der Bundesrepublik der Niedriglohnsektor in den letzten Jahren stetig gewachsen. Laut OECD bezeichnen Niedriglöhne Verdienste, die weniger als zwei Drittel des mittleren Lohns aller Beschäftigten betragen. 2007 gab es in Deutschland ca. 6,5 Millionen Geringverdiener, d.h. Menschen, die im Westen weniger als 9,62 Euro und im Osten weniger als 7,18 Euro die Stunde verdienten. Rund 1,9 Millionen Beschäftigte verdienten weniger als 5 Euro und 3,3 Millionen unter 6 Euro pro Stunde. Viele Beschäftigte beziehen daher zusätzlich zu ihrem Einkommen Arbeitslosengeld II (Hans Böckler Stiftung 2009a, S. 3).

kale Segregation des Arbeitsmarktes, die im Vergleich zu Männern weitaus häufigeren familienbedingten Erwerbsunterbrechungen von Frauen, die schlechtere Vergütung klassischer Frauenberufe, regionale Einflüsse sowie die Annahme eines Produktivitätsunterschiedes zwischen Frauen und Männern angeführt.

Ursache horizontale Segregation

Ein Erklärungsfaktor für das Lohngefälle zwischen Frauen und Männern findet sich in der horizontalen Segregation, d.h. im geschlechtsspezifischen Berufswahlverhalten von Männern und Frauen. Seit Jahrzehnten haben weibliche Auszubildende ein engeres Berufswahlspektrum als ihre männlichen Altersgenossen: 53,3 Prozent der jungen Frauen werden in nur zehn Berufen ausgebildet, aber nur 37,3 Prozent der jungen Männer. Eine große Anzahl weiblicher Auszubildender wählt nach wie vor frauentypische eher schlechter bezahlte und mit geringen Aufstiegschancen verknüpfte Berufe wie Arzthelferin, Zahnmedizinische Fachangestellte, Friseurin, Verkäuferin im Nahrungsmittelhandwerk, männliche Auszubildende konzentrieren sich auf gewerblich-technische Berufe wie Kraftfahrzeugmechaniker, Industriemechaniker, Elektroniker oder Anlagenmechaniker (Bundesministerium für Bildung und Forschung 2008), in denen höhere Löhne gezahlt werden. Frauentätigkeiten werden gesellschaftlich also geringer geschätzt und bewertet und infolgedessen schlechter bezahlt als Tätigkeiten, die überwiegend von Männern ausgeübt werden. So gehören Friseurinnen mit Verdiensten zwischen 500,00 und 1.315,00 Euro brutto zu den am schlechtesten bezahlten Berufen. Eine Arzthelferin verdient laut Tarifvertrag nach 30 Berufsjahren in der höchsten Tätigkeitsgruppe ca. 2.500,00 Euro brutto.

Ursache vertikale Segregation

Frauen sind im Vergleich zu Männern in Führungspositionen unterrepräsentiert, am ehesten findet man Frauen in der unteren und mittleren Führungsebene, insgesamt besetzen Männer drei Viertel aller Führungspositionen (vgl. Kapitel 4.2). Frauen, die es in eine Führungsposition geschafft haben, erwarten Entgeltgerechtigkeit, bisher jedoch liegt in allen Berufsgruppen das Einkommensniveau männlicher Führungskräfte über dem von Frauen:

- 56 Prozent der weiblichen Führungskräfte haben ein Bruttojahresgehalt unter 50.000 Euro, aber nur 27 Prozent der Männer
- Nur jede fünfte Frau, aber jeder dritte Mann kann ein Bruttojahresgehalt von über 75.000 Euro erwarten
- Führungspositionen in Frauenberufen werden schlechter entlohnt als in Männerberufen. Führungskräfte in Frauenberufen erzielten 2006 mit knapp 3.000 Euro brutto nur 68 Prozent des Verdienstes von Frauen in

Führungspositionen in Männerberufen (Bundesministerium für Familie, Senioren, Frauen und Jugend 2009a, S. 12f.; Holst/Busch 2009).
- Geschäftsführerinnen verdienen gut 20 Prozent weniger als Geschäftsführer
- Männliche Führungskräfte geben eine höhere Arbeitszeit an als weibliche – wobei es sich aber um eigene, dem Status dienende Schätzungen handelt
- in höchsten Führungspositionen bzw. im Topmanagement, wo hohe Gehälter gezahlt werden und es viele zusätzliche Entgeltbestandteile gibt, finden sich kaum Frauen.

Ursache familienbedingte Erwerbsunterbrechung

Nach der Geburt eines Kindes verringert sich in der Regel die Vollzeiterwerbstätigkeit und damit das Einkommen bei Frauen maßgeblich und es erhöht sich ihre Quote bei der Teilzeit- und geringfügigen Beschäftigung. Allerdings unterscheidet sich das Arbeitsmarktverhalten der Frauen in West- und Ostdeutschland deutlich: während im Westen nur 19 Prozent in eine Vollzeitbeschäftigung zurückkehren, sind es im Osten 61 Prozent (Bundesministerium für Familie, Senioren, Frauen und Jugend 2009a, S. 17f.). Wie Untersuchungsergebnisse (Boll 2009; Beblo/Bender/ Wolf 2006) zeigen, ziehen familienbedingte Unterbrechungen der Erwerbstätigkeit so genannte career costs, „der Höhe nach variierende, aber persistente Lohnstrafen" (Bundesministerium für Familie, Senioren, Frauen und Jugend 2009a, S. 15) nach sich, wobei die Dauer der Erwerbsunterbrechung für die „Entwertung des Humankapitals" eine Rolle spielt.[24] In Zu-

---

24 Das Anfang 2007 eingeführte Elterngeld, das 67 Prozent des durchschnittlich nach Abzug von Steuern, Sozialabgaben und Werbungskosten vor der Geburt monatlich verfügbaren laufenden Erwerbseinkommens, höchstens jedoch 1.800 Euro und mindestens 300 Euro beträgt, machte die sog. Vätermonate attraktiv: Elterngeld wird an Väter und Mütter für maximal 14 Monate gezahlt; beide können den Zeitraum frei untereinander aufteilen. Ein Elternteil kann dabei mindestens zwei und höchstens zwölf Monate für sich in Anspruch nehmen, zwei weitere Monate gibt es, wenn sich der Partner an der Betreuung des Kindes beteiligt und den Eltern mindestens zwei Monate Erwerbseinkommen wegfällt. Alleinerziehende, die das Elterngeld zum Ausgleich des wegfallenden Erwerbseinkommens beziehen, können aufgrund des fehlenden Partners die vollen 14 Monate Elterngeld in Anspruch nehmen;
www.bmfsfj.de/bmfsfj/generator/BMFSFJ/familie,did=76746.html (Abruf am 29. Juni 2010). Ab dem 1. Januar 2011 gelten folgende Neuregelungen zum Elterngeld: 1. Das Elterngeld wird beim Arbeitslosengeld II (Hartz IV) und beim Kinderzuschlag als Einkommen angerechnet; 2. die Ersatzrate wird bei Elterngeldbeziehern mit einem anzurechnenden Nettoeinkommen von über 1.240 Euro im Monat von 67 auf 65 Prozent reduziert; 3. Eltern, die keine Reichensteuer zahlen, obwohl sie ein Jahreseinkommen von über 250.000 bzw. 500.000 Euro beziehen, erhalten kein Elterngeld mehr; www.elterngeld.net/ (Abruf am 15. Dezember 2010).

sammenhang mit einer (potenziellen) Familiengründung unterstellen Unternehmen Frauen zudem eine geringere Aufstiegsorientierung wie auch geringere Produktivität.

6.4.3 Sind Frauen weniger produktiv als Männer?

Die Produktivität im Beruf und Erwerbsleben hängt mit der Bildung und Qualifikation einer Person zusammen und wird in der ökonomischen Fachsprache als personenbezogenes Humankapital bezeichnet. Im Allgemeinen wird davon ausgegangen, dass je höher die Qualifikation einer Person ist, desto mehr Einkommen kann sie erzielen. Aber stimmt diese Annahme auch für Frauen?

Nach dem Genderdatenreport für die Bundesrepublik Deutschland (Deutsches Jugendinstitut 2005) wie auch geschlechterbezogenen Bildungsreports hat sich die sogenannte „Humankapitalausstattung" der heutigen Frauengeneration deutlich erhöht und übertrifft zum Teil die der jungen Männergeneration. So lassen zwar die heutigen generell besseren Bildungsabschlüsse von Frauen einen positiven Effekt auf die Verringerung der Lohnlücke erwarten, bisher aber noch wächst der Lohnabstand in Deutschland mit dem Alter. Anders als es die klassische Humankapitaltheorie annimmt, führt die bessere Qualifikation der jungen Frauen weder zur adäquaten Verbesserung ihrer Einkommen noch verringern bessere Qualifikationen den Einkommensabstand zu den gleichaltrigen jungen Männern. Im Vergleich der Beschäftigten mit Hochschulabschluss erzielten Frauen nur 88 Prozent des Entgelts der Männer. Gründe hierfür sind geschlechtsspezifische Studienfachwahlen[25] und dass Frauen insgesamt langsamer Karriere machen (Bundesministerium für Familie, Senioren, Frauen und Jugend 2009a, S. 10). Schon beim Berufsstart verdienen Frauen weniger. Im Verlauf des Erwerbslebens öffnet sich die Einkommensschere immer weiter, vor allem in den kritischen Phasen im Frauenleben, die als die typischen Sollbruchstellen für Entgelt(un)gerechtigkeit betrachtet werden können.

Für Frauen können die Annahmen der Humankapitaltheorie also offenbar nicht so einfach geltend gemacht werden. Entscheiden sich junge Frauen für eine zukunftsfähige und qualifizierte Bildung und Ausbildung resultiert für sie daraus keineswegs – anders als sie es erwarten – ein leistungsgerechtes und den Männern gleiches Einkommen. Vielmehr sehen sich Frauen im Beruf vielfach mit benachteiligenden Geschlechterstereotypen und einer verdeckten Diskriminierungspraxis konfrontiert. Allein durch Strukturmerkmale wie Berufswahl, Bildungsweg, Berufserfahrung und Kinder sind die Einkommensdifferenzen somit nicht erklärbar (vgl. Busch/Holst 2008a).

---

25 Frauen sind beispielsweise in den Geistes- und den Erziehungs- und Gesundheitswissenschaften sowie der Tiermedizin und in der Kunst über- und in ingenieurwissenschaftlich-technischen Studiengängen stark unterrepräsentiert.

Das Fortbestehen des geschlechtsspezifischen Lohngefälles beruht zu einem Teil auf diskriminierend wirkenden Mechanismen des Arbeitsmarktes, die außerhalb der Person liegen und in institutionellen und kulturellen Rahmenbedingungen zu suchen sind (Busch/Holst 2008a; Hans Böckler Stiftung 2009b, S. 1).

Zu den nachhaltigsten Vorurteilen in Unternehmen gehört auch heute noch, dass Frauen zwar denselben Zugang zu Arbeitsplätzen und Positionen hätten wie Männer, sie aber hinsichtlich ihres Leistungsvermögens und ihrer Leistungsmotivation nicht gleichermaßen markttauglich seien. Beide Vorurteile zusammengenommen werden zur Begründung der Lohnunterschiede genutzt.

Noch immer orientieren sich zu viele Personalverantwortliche und Entscheider in Unternehmen an traditionellen Rollenbildern und glauben, dass Frauen wegen ihrer spezifischen weiblichen Potenziale und ihrer familiären Pflichten (Hausarbeit, Kindererziehung, allgemeine Fürsorgetätigkeiten) im Erwerbsarbeitsbereich weniger produktiv seien und nicht die gleiche Leistung wie ihre männlichen Kollegen erbrächten, so dass es für Unternehmen daher effizienter sei, weniger in Frauen zu investieren. Warum aber verdienen familienfreie Singlefrauen dann nicht das gleiche wie ihre männlichen Kollegen? Offenbar genügt es, eine Frau zu sein.

Die familiale Arbeitsteilung und Erwerbstätigkeitsmuster sind ein Ergebnis historischer gesellschaftlicher Entwicklungen und entsprechender Rollenzuweisungen an Frauen und Männer. So ist die traditionelle geschlechtsspezifische Arbeitsteilung heute deutlich mehr auf starre Institutionen und Organisationen zurückzuführen als auf die Lebenskonzepte moderner Paare. Die klassische Rollenverteilung wird seltener und es kann nicht allein vom männlichen Ernährer-Modell ausgegangen werden, denn nicht selten mehr verdienen Frauen das Haupteinkommen in der Familie.

6.4.4 Aufdecken des Gender Pay Gap

Zur Aufdeckung der Diskriminierung, die durch Geschlechtszugehörigkeit verursacht wird, eignen sich Statistikmethoden, die die Entgeltdiskriminierung in ihre Bestandteile zerlegen, wie die sog. *Oaxaca-Blinder-Zerlegung* (vgl. Busch/ Holst 2008b, S. 468). Die Anwendung zeigt, dass bei dem ermittelten Gender Pay Gap von 23 Prozent nur knapp drei Prozent der unterschiedlichen Humankapitalausstattung, d.h. individuellen Qualifikationsunterschieden, zuzurechnen sind. Weitere zehn Prozent der Entgeltunterschiede resultieren aus objektiven betrieblichen Faktoren. So ist z.B. die Betriebsgröße bedeutsam. Je größer der Betrieb, umso geringer die Lohndiskriminierung, je größer der Frauenanteil im Betrieb, umso größer der Entgelt-Unterschied, je mehr Frauen im Management, umso geringer der Unterschied. Je größer die Tarifbindung, umso geringer ist der Unterschied (um fast 4 Prozentpunkte) und Betriebe mit Betriebsräten sind entgeltfairer (vgl. Heinze/Holst o. J.). Die frauentypische Beschäftigungsdiskriminierung (Zugangsbarrieren zu Führungspositionen, Berufsgruppenzugehörigkeit, Entlohnung von frauentypischen Berufen),Vorurteile gegenüber Frauen (Führungsprototypen) und vorsätzliche Entgeltdiskriminierung (Arbeitsbewertungen) machen ebenfalls zehn Prozent aus (Busch/Holst 2008b, S. 468). D.h. mit anderen Worten, dass zehn Prozent des Gender Pay Gap auf einer rein geschlechterbezogenen Diskriminierung von Frauen beruht.

„Bei der Überprüfung von Entgeltsystemen auf mögliche Diskriminierungen sind europarechtliche Anforderungen hilfreich" (Tondorf 2003, S. 15), insbesondere die Richtlinie 75/117/EWG, die die Verwendung einheitlicher Kriterien bei der Bewertung von Tätigkeiten vorschreibt (ebd.).

Bereits 1996 entwickelten die Schweizer Arbeitswissenschaftler Katz und Baitsch (1996; 2006) eine Methode zur Analyse und Bewertung von Arbeitstätigkeiten mit dem Ziel einer möglichst gerechten, diskriminierungsfreien Lohnfindung. Die Analytische Bewertung von Arbeitstätigkeiten nach Katz und Baitsch, kurz *ABAKABA* genannt, unterscheidet die vier Bereiche intellektueller, psychosozialer, physischer Bereich sowie Verantwortung und analysiert und bewertet diese Bereiche jeweils nach Anforderungen, Beeinträchtigungen und Zeitanteil. Insbesondere mit dem physischen und psychosozialen Bereich werden Anforderungen erfasst (z.B. in der Altenpflege), die im BAT sonst vernachlässigt sind (Krell/Winter 1998, S. 297ff.).

Seit kurzem haben Unternehmen in Deutschland die Möglichkeit mittels einer statistischen Regressionsanalyse feststellen, ob sie gleichen Lohn für gleichwertige Arbeit von Frauen und Männern gewährleisten oder ob es Hinweise auf Diskriminierung gibt. Die ursprünglich aus der Schweiz stammende Methode bezeichnet mit *Logib-D* „Lohnungleichheit im Betrieb – Deutschland" und ist ein kostenloses Instrument für Unternehmen zur freiwilligen Analyse ihrer Entgeltstruktur unter Geschlechteraspekten, das vom Bundesministerium für Familie, Senioren, Frauen und Jugend (2009b) bereit gestellt wird. Unternehmen können sich beim Ministerium zudem um eine kostenlose Beratung zu *Logib-D* bewerben. Alternativ zu *Logib-D* entwickelten Tondorf und Jochmann-Döll einen Entgeltgleichheits-Check, der unterschiedliche Einzelinstrumente (Statistiken, Regelungs-Checks, Paarvergleiche) für spezifische Ausgangssituationen und Prüfinteressen bereit stellt (www.eg-check.de/).[26]

Was ist zu tun?

1. Die diskriminierungsfreie Entgeltpraxis beim Grundentgelt und bei wesentlichen Entgeltkomponenten sollte systematisch überprüft und Entgeltgerechtigkeit von Unternehmen belegt werden (Diskriminierungscheck: z.B. eg-check.de; Logib-D).

---

26 Zur Kritik an Logib-D siehe Tondorf 2009.

2. Ein besonderes Augenmerk ist auf die mittelbare Diskriminierung und deren Korrektur zu legen. Zum Beispiel sind Anforderungen wie soziale Kompetenzen oder Belastungen in frauendominierten Arbeitsplätzen adäquat zu bewerten.
3. Senioritätsbezogene Entgeltkriterien wie die Dauer der Betriebszugehörigkeit, von der Männer wegen ihrer selteneren Erwerbstätigkeitsunterbrechungen stärker profitieren, müssen relativiert werden, denn nicht immer ist damit ein Zuwachs an Berufserfahrung und Weiterentwicklung verbunden.
4. Tarifvertragsparteien sollten Betrieben Beispiele für moderne Funktionsbereiche und Aufgabenbeschreibungen wie auch entsprechende diskriminierungsfeie Eingruppierungen und Einstufungen liefern.
5. Chancengleichheitsbeauftragte sollten Statistiken zur Entgeltpraxis ihrer Unternehmen erstellen und ihrer Personalabteilung zur Verfügung stellen, sie beraten und Fortbildungen für Führungskräfte initiieren.
6. Klagen gegen Entgeltdiskriminierungen sind eine Möglichkeit zur Durchsetzung. Das AGG ist ein wichtiger rechtlicher Handlungsrahmen für derartige Klagen.

Für gleichwertige Arbeit sieht das europäische und deutsche Recht gleiches Entgelt vor. Realisiert ist das in Deutschland noch lange nicht. Immerhin ist der politische Konsens, Entgeltgerechtigkeit erreichen zu wollen, gegeben. Die Durchsetzung verlangt von individuellen Frauen, den politischen Parteien und Frauennetzwerken, dass Entgeltgerechtigkeit ganz oben auf die frauen- und familienpolitische Agenda gestellt wird. Davon hängt letztlich auch die Qualität der sozialen und ökonomischen Zukunft von Frauen ab.

7 Karriereagenda für Frauen – Empfehlungen für den individuellen Karriereerfolg

Eine Berufskarriere beginnt mit der Entscheidung, nicht nur wegen einer späteren Erwerbstätigkeit in die eigene Bildung zu investieren, sondern mit dem Wunsch und Ziel, die späteren Aufstiegschancen und Weiterentwicklungsoptionen, die aus der Bildungsinvestition resultieren, auch langfristig wahrzunehmen. Gute Ausbildung, Karrieremotivation und der Einstieg in zukunftsträchtige Berufe und Branchen sind generell die Startpunkte für Berufskarrieren. Ambivalente Einstellungen gegenüber einer beruflichen Karriere hemmen Zielfokussierung und Handlungsorientierung.

Neben spezifischen und höheren externen Karrierehindernissen, mit denen sich Frauen mehr konfrontiert sehen, haben Frauen in der Eigenwahrnehmung und der Fremdwahrnehmung sozialisationsbedingt zusätzliche Schwierigkeiten in Zusammenhang mit dem Kommunikationsstil, mit Einstellungen und Verhalten in Karrieresituationen und bei Karriereentscheidungen. Die nachfolgenden Empfehlungen für mehr Karriereerfolg beziehen sich auf eben diese Individualebene, da Frauen hier weitaus mehr und unmittelbare Eingriffsmöglichkeiten haben als diese dem Individuum auf der ihm unzugänglichen gesellschaftpolitischen und organisationalen Ebene möglich sind. Die Empfehlungen zielen nicht auf "fixing the women", sondern sind Anregungen zur Reflexion, Zielklarheit und für den Entwurf genderspezifischer Karrierestrategien für Frauen gedacht.
"Be competent and confident in who you are; you are respected and we're cheering you on" – so lauten die drei wichtigsten Karriereempfehlungen, die amerikanische männliche Kollegen und männliche Führungskräfte Frauen im Beruf geben (Feldhahn 2009, S. 278). Die männliche Perspektive, die in dieser nordamerikanischen Studie durch Tiefeninterviews aufgedeckt wurde, stimmt durchaus mit den üblichen Überlegungen von Frauen überein, wonach die Entwicklung von Kompetenz, Selbstvertrauen und respektvoller Souveränität besonders karriereförderlich ist. In Verhaltenspraxis übersetzt, heißt dies folgendes:

1. Es ist weder notwendig, noch erwünscht, dass Frauen wegen des Karriereerfolgs ihre Persönlichkeit aufgeben und eine fremde „Persönlichkeit" oder „Männlichkeit" imitieren. Frauen können und sollen keine „Männer" werden, sondern authentisch bleiben. Die Demonstration unattraktiver männlicher Attitüden durch Frauen kann die Wahrnehmung ihrer Kompetenz beeinträchtigen und wird wahrscheinlich weniger Akzeptanz für sie zur Folge haben.
Wenn Organisationen und Unternehmen sagen, dass Frauen persönlich „sie selbst bleiben" sollen, ist damit nicht gemeint, dass Verhalten belie-

big ist und private Verhaltensweisen in den Berufsalltag übertragen werden können, sondern, dass Interaktionen und Kommunikation im Beruf professionell zu sein haben. Das „Frau-Sein" in einer männlich dominierten Arbeitswelt muss gehandhabt werden.

2. Im Vergleich zu fachlicher und persönlicher Kompetenz in einer Position ist Gender auch für eine individuelle Frauenkarriere weitgehend irrelevant. Werden an einem Arbeitsplatz Kompetenz, Einsatz und Leistung von Frauen nicht vorurteilsfrei anerkannt und sind Frauen in Führungspositionen unerwünscht, dann ist der Wechsel des Unternehmens oder des Arbeitsplatzes die richtige Wahl.

3. Obgleich Gender-Inequality in unterschiedlichen Erscheinungsweisen nach wie vor in der Arbeitswelt besteht, ist es wichtig, sich als gleichberechtigt zu empfinden und aufzutreten. Persönliche und fachliche Souveränität und Selbstbestimmtheit erzeugen Respekt und ermöglichen respektvollen Umgang mit Konkurrenten. Die selbstbewusste Darstellung und Argumentation der eigenen Leistung verhindert eine respektlose Behandlung, stärkt das Selbstvertrauen und die Handlungsfähigkeit.

4. Gleichheit bei ungleichen Ausgangslagen ist auch zukünftig nicht das Ziel in Organisationen. Erwartungen von Frauen an eine gleiche Behandlung im internen Wettbewerb um eine Führungsposition bei jedoch ungleichen Beschäftigungsverhältnissen, z.B. einer Teilzeitarbeit anstelle einer Vollzeitarbeit, lösen den Genderbias gegenüber Frauen und Genderstereotype unschwer aus. So wird Teilzeitarbeit häufig assoziiert mit „Teilkompetenz". Berufstätige Mütter und Karrierefrauen, die das Modell Work-Life-Balance wählen, schätzen sich selbst als weniger erfolgreich ein und betrachten die Entscheidung für Mutterschaft als eine schlechte wirtschaftliche und karrierehinderliche Wahl, so lange flexible Karrieremodelle nicht in Praxis sind.
Im Verständnis der Organisation und der großen Mehrheit der berufstätigen Frauen und Männer signalisiert eine Entscheidung für „Work-Life-Balance" und für eine Teilzeitarbeit die Nachrangigkeit der Karriere gegenüber dem Privatleben. Karrieren werden auch zukünftig unvereinbar mit Teilzeitarbeitsverhältnissen sein, darin stimmen die heutigen karriereorientierten Berufseinsteiger/innen mit den Human Ressource Management Strategien für Nachwuchsführungskräfte großer Arbeitgeber überein.[27] Es empfiehlt sich nach solchen, allerdings bisher noch raren Unter-

---

27 Vgl. www.bundesbank.de/download/personal/trendence_ergebnisse.pdf (Abruf am 13. Dezember 2010).

nehmen zu suchen, die ihrem Personal flexible Karrieremodelle und Flexibilität bei Arbeitszeit und Arbeitsort anbieten.

5. Historisch gewachsen und nach maskuliner Organisationslogik gilt für Interaktionen, Kommunikation und die Zusammenarbeit in der Arbeitswelt das Gesetz „Business ist Business". Das Gesetz ist kein geheimer Code, sondern es besteht aus expliziten Verhaltenserwartungen und den Vorschriften für den Umgang und das Auftreten in der Organisation. Folglich funktioniert die Arbeitswelt vor allem beim beruflichen Aufstieg häufig anders als die private und persönliche Welt. Da die Arbeitswelt keine persönliche Welt ist, müssen karriereorientierte Frauen daher die Regeln im Business auch „unpersönlich" verstehen und geschäftsmäßig anwenden. Das dient sowohl der Zielerreichung und dem Motivationserhalt als auch dem Selbstschutz.

6. Karriereerfolg erfordert auf der Verhaltensebene im wesentlichen Kommunikationskompetenz beim Verhandeln und Emotionsmanagement in komplexen Situationen und mit schwierigen Personen. In der männlichen Sicht und bedürfnisorientiert gilt als Verhaltensregel bei den entscheidenden Fällen der Arbeitswelt "Im Fußball gibt es keine Tränen und im Business gibt es keine negativen Gefühle" und wer am Arbeitsplatz negativ emotional wird, der denkt nicht logisch. Für Frauen enthält dies den Hinweis, im Ausdrucksverhalten das Stereotyp von Frauen als dem emotionalen Geschlecht nicht zu bekräftigen, Verhandlungen sachlich zu führen und in Auseinandersetzungen und Konflikten besser nicht und wenn, zeitlich begrenzt emotional zu agieren, um die Fremdwahrnehmung sowie eigene und fremde Gefühle produktiv zu managen.
Schulungen in Verhandlungsführung und Emotionsmanagement gehören in das individuelle Weiterbildungsprogramm von Frauen. Die Verwendung einer klaren Sprache, der Ich-Form, die klare Formulierung von Zielen und Anforderungen ist ebenso erlernbar wie die Elemente der Verhandlungsführung. Dazu gehören Verhandlungsanalyse, Verhandlungsführung und der Aufbau von Verhandlungsmacht, Verhandlungsstrategien, Argumentationstechniken und schließlich der Umgang mit Widerstand in Verhandlungen und die Vereinbarung von Ergebnissen. Derartige Kenntnisse und Kompetenzen ersetzen unprofessionelle Kommunikation in Beförderungssituationen oder bei Gehaltsverhandlungen und die Übergabe der Beurteilung des Karrierepotenzials und der Karrieremotivation an Dritte, wie es typische und häufige Fragen von Frauen, z.B. „Bin ich schon so weit? Kann ich das? Weiß ich denn schon alles?" herbeiführen.

Was kommt nach Geschlechterrollen und Stereotypen? Der Genderblick auf die Entwicklungen in der internationalen Arbeitswelt (Metcalfe 2006) zeigt, dass die soziokulturellen Zusammenhänge zwischen Gender, Karriere und Kommunikation sowohl für die Organisationsforschung, den globalen Feminismusdiskurs als auch für das interkulturelle Human Ressource Management der transnationalen Unternehmen inzwischen relevante Gegenstände sind.

Seit Gender nicht als unveränderliches Merkmal einer Person, sondern als soziale Konstruktion und als performativer Akt (Butler 1991) „doing gender" diskutiert wird, verändern sich die Geschlechterrollen und Stereotype von Männlichkeit und Weiblichkeit.

In der öffentlichen und in der individuellen Wahrnehmung ist Gender unaufhaltsam einem Erosionsprozess ausgesetzt. Entsprechend werden die Identitäten von Männern und Frauen fluide. Individuen wechseln ihren Kommunikationsstil situationsspezifisch und passen ihn dem jeweiligen sozialen Kontext an. Die modernen Geschlechterbeziehungen werden von der Vielfalt maskuliner und femininer Identitäten beeinflusst. Sie werden auch die Organisationskulturen und die Alltagsinteraktionen in der Arbeitswelt verändern.

2010 erschien im amerikanischen Magazin „The Atlantic" ein Essay mit dem Titel „The end of men", der einer langen Reihe früherer Publikationen zur Frage, welche Entwicklung die Weltgesellschaft nehmen wird und wie Männer und Frauen in der zukünftigen Gesellschaft und postindustriellen Wirtschaftwelt leben und arbeiten werden, folgte.

Die weltweiten Finanzkrisen werden der von maskulinen Werten dominierten Politik und Wirtschaftsordnung zugerechnet, die versagen. Für eine zukunftsfähigere Gesellschaft wird mehr auf „weibliche" Einstellungen und Verhaltensweisen gesetzt, wie auf soziale Kompetenzen, Gemeinschaftsorientierung, weniger materielle und Machtorientierung, nachhaltiges Risikomanagement und Fürsorglichkeit. Ist damit das weibliche Genderprogramm auch ein Kernstück des Zukunftsprogramms der Gesellschaft? Und bedarf es daher in Zukunft noch der Maßnahmen für Gleichstellung, insbesondere dann, wenn die heutigen Frauen durch eigenes Engagement als Bildungsgewinnerinnen gesehen werden können und ambitioniert Führungspositionen und Karrieren verfolgen?

Die Autorin des Atlantic-Essays, Hanna Rosin, fragt provokant "But what, if equality isn't the end point?" Die Entwicklung der Gesellschaft könnte Frauen in die Hände arbeiten, da auch Länder wie China, Japan oder Indien, wenn auch nur motiviert von globalen wirtschaftsstrategischen Aspekten, ihre traditionellen Strukturen und maskulinen Normen transformieren. Die westlichen, insbesondere die skandinavischen „frauenorientierten" Länder sind Blaupausen für die noch weit in der Zukunft liegende *postpatriarchale Gesellschaft*, in der Frauen und Männer faktisch gleiche Rechte und Chancen haben und die besser auf Frauen zugeschnitten ist. Dann wären die Zukunftschancen für Frauen durch ihren besseren „fit" mit den Anforderungen der Gesellschaft legitimerweise größer als die für Männer. Die mehr als 150jährige Strategie der Chancengleichheit hätte dann ihren Zweck erreicht mit einer weiteren kulturellen Evolutionsstufe, in der Chancengleichheit nicht mehr mit Gender in Verbindung gebracht würde.

8 Literaturverzeichnis

Accenture (2002): Frauen und Macht. Anspruch oder Widerspruch. www.accenture.com/NR/rdonlyres/9920CE41-2B6F-41A4-AD02-5105878F1EC5/0/anspruch_widerspruch.pdf (Abruf am 21.9.2006).

Accenture (2006): The anatomy of the glass ceiling. Barriers to women's professional advancement. www.accenture.com/NR/rdonlyres/9A504280-5296-43E5-B197-AE1FC48866F3/0/glass_ceiling.pdf (Abruf am 21.9.2006).

Acker, J. (1991): Hierarchies, jobs, bodies. In: Lorber, J./Farrell, S.A. (eds.): The social construction of gender. Newbury Park, CA, S. 162-179.

Acker, J. (1992): Gendering organization theory. In: Mills, A.J./Tancred, P. (eds.): Gendering organization analysis. London, S. 248-260.

Adler, R. (o. J.): Women in the executive suite correlate to high profiles. Pepperdine University.

Andersen, P.A. (1991): When one cannot not communicate: A challenge to Motley's traditional communication postulates. Communication Studies, 42, S. 309-325.

Andresen, S./Koreuber, M./Lüdke, D. (Hrsg.) (2009): Gender und Diversity: Albtraum oder Traumpaar? Interdisziplinärer Dialog zur „Modernisierung" von Geschlechter- und Gleichstellungspolitik. Wiesbaden.

Ardener, S. (ed.) (1978): Defining females. The nature of women in society. New York.

Aries, E. (1984): Zwischenmenschliches Verhalten in eingeschlechtlichen und gemischtgeschlechtlichen Gruppen. In: Trömel-Plötz, S. (Hrsg.): Gewalt durch Sprache. Die Vergewaltigung von Frauen in Gesprächen. Frankfurt a.M., S. 114-126.

Authenrieth, C./Chemnitzer, K./Domsch, M. (1993): Personalauswahl und -entwicklung von weiblichen Führungskräften. Frankfurt/New York.

Baumgartinger, P.P. (o. J.): Geschlechtergerechte Sprache? Über queere widerständige Strategien gegen diskriminierenden Sprachalltag. http://minderheiten.at/index.php?option=com_content&task=view&id=29&Itemid=33%23Baumgartinger#Baumgartinger (Abruf am 15.7.2010).

Bea, F./Göbel, E. (2002): Organisation. 2. Aufl., Stuttgart.

Beblo, M./Bender, S./Wolf, E. (2006): The wage effects of entering motherhood. A within-firm matching approach. IAB Discussion Paper, No. 13.

Beck und Schwarz (2000): Konfliktmanagement. 2. Auf., Augsburg.

Bem, S. (1975): Sex role adaptability: One consequence of psychological androgynity. Journal of Consulting and Clinical Psychology, 42, S. 155-162.

Bem, S./Lenny, E. (1976): Sex typing and the avoidance of cross-sex behavior. Journal of Personality and Social Psychology, 33, S. 48-54.

Bendl, R./Leitner, A./Rosenbichler, U./Walenta, C. (2007): Geschlechtertheoretische Perspektiven und Gender Mainstreaming. In: EQUAL Entwick-

lungspartnerschaft QE GM (Hrsg.): Qualitätsentwicklung Gender Mainstreaming, Band 2: Grundlagen. Wien.
Bendl, R./Walenta, C. (2007): Queer Theory und Ansatzpunkte für Gender Mainstreaming. In: EQUAL Entwicklungspartnerschaft QE GM (Hrsg,): Qualitätsentwicklung Gender Mainstreaming, Band 2: Grundlagen. Wien.
Berger, C.R. (1997): Planning strategic interaction: Attaining goals through communicative action. Hillsdale, NJ.
Bergvall, V. (1999): Towards a comprehensive theory of language and gender. Language in Society, 28(2), S. 273-293.
Bilden, H. (1980): Geschlechtsspezifische Sozialisation. In: Hurrelmann, K./Ulich, D. (Hrsg.): Sozialisationsforschung. Weinheim, S. 777-814.
Bilden, H. (1991): Geschlechtsspezifische Sozialisation. In: Hurrelmann, K./Ulich, D. (Hrsg.): Sozialisationsforschung. 4. völlig neubearbeitete Auflage. Weinheim und Basel, S. 279-301.
Bischoff, S. (2005): Wer führt in (die) Zukunft? Männer und Frauen in Führungspositionen der Wirtschaft in Deutschland – die 4. Studie. DGFP-Schriftenreihe „PraxisEdition", Band 77. Bertelsmann.
Boll, C. (2009): Lohneinbußen durch geburtsbedingte Erwerbsunterbrechungen – fertilitätstheoretische Einordnung, Quantifizierung auf Basis von SOEP-Daten und familienpolitische Implikationen. HWWI Research.
Bourdieu, P. (1976): Entwurf einer Theorie der Praxis auf der ethnologischen Grundlage der kabylischen Gesellschaft. Frankfurt am Main.
Broverman, I./Vogel, S./Broverman, D./Clarkson, F./Rosenkrantz, P. (1972): Sex roles stereotypes: A current appraisal. Journal of Social Issues, 28(2), S. 59-78.
Bruchhagen, V. (2008): Managing Gender & Diversity: Eine kritische Gestaltungsperspektive für den Profit und Non-Profit-Bereich. In: Iber, K./Virtbauer, B. (Hrsg.): Diversity Management. Eine transdisziplinäre Herausforderung. Wien.
BruchhagenV./Koall, I. (2007): Loosing Gender-Binarity? Winning Gender-Complexity! Intersektionelle Ansätze und Managing Diversity. Netzwerk Frauenforschung Journal, 22, S. 32-42.
Bundesministerium für Bildung und Forschung/ BMBF (Hrsg.) (2008): Grund- und Strukturdaten 2007/2008. Daten zur Bildung in Deutschland. Berlin.
Bundesministerium für Familie, Senioren, Frauen und Jugend/BMFSFJ (Hrsg.) (2009a): Entgeltungleichheit zwischen Frauen und Männern in Deutschland. Berlin.
Bundesministerium für Familie, Senioren, Frauen und Jugend/BMFSFJ (Hrsg.) (2009b): Lohnungleichheitsinstrument Bund für Deutschland – Logib-D. Berlin.

Bundesministerium für Familie, Senioren, Frauen und Jugend/BMFSFJ (Hrsg.) (2009c): Fair P(l)ay – Entgeltgleichheit für Frauen und Männer. 4. Aufl., Berlin.

Burgoon, J.K./Dillman, L./Stern, L.K. (1993): Adaptation in dyadic interaction: Defining and operationalizing patterns of reciprocity and compensation. Communication Theory, 3(4), S. 295-316.

Busch, A./Holst, E. (2008a):Verdienstdifferenzen zwischen Frauen und Männern nur teilweise durch Strukturmerkmale zu erklären. Wochenbericht des DIW Berlin, Nr. 15, S. 184-190.

Busch, A./Holst, E. (2008b): „Gender Pay Gap": In Großstädten geringer als auf dem Land. Wochenbericht des DIW Berlin, Nr. 33, S. 462-468.

Busse, A. (2004): Zicken unter sich: Konflikte und Lösungen im weiblichen Konkurrenzkampf. Zürich.

Butler, J. (1991): Das Unbehagen der Geschlechter. Frankfurt a.M.

Catalyst and The Conference Board (2002): Women in leadership: A European business imperative. Executive summary. New York/San Jose/Toronto/ Brussels.

Catalyst (2004): The bottom line: Connecting corporate performance and gender diversity. New York/San Jose/Toronto.

Clevenger, T. Jr. (1998): Can one not communicate? A conflict of models. Communication Studies, 42, S. 340-353.

Cohen, S.L/Bunker, K.A. (1975): Subtle effects of sex role stereotypes on recruiters hiring decisions. Journal of Applied Psychology, 60, S. 566-572.

Collins, P.H. (1990): Black feminist thought: knowledge, consciousness, and the politics of empowerment. London.

Connell, R.W. (1999): Der gemachte Mann: Konstruktion und Krise von Männlichkeiten, Opladen.

Connell, R.W./Messerschmidt, J.W. (2005): Hegemonic masculinity. Rethinking the concept. Gender & Society, 19(6), S. 829–859, December.

Cooper, R,K./Sawaf A. (1997): IQ – Emotionale Intelligenz für Manager. München.

Cordes, M. (2004): Gleichstellungspolitiken: Von der Frauenförderung zum Gender Mainstreaming. In: Becker, R./Kortendiek, B. (Hrsg.): Handbuch Frauen- und Geschlechterforschung. Theorie, Methoden, Empirie. Wiesbaden, S. 712-720.

Crenshaw, K. (1989): Demarginalizing the intersection of race and sex: A black feminist critique of antidiscrimination doctrine. The University of Chicago Legal Forum, S. 139-167.

Crenshaw, K. (1991): Mapping the margins: intersectionality, identity politics, and violence against women of color. Stanford Law Review, 43(6), S. 1241-1299.

Czollek, L.C./Perko, G./Weinbach, H. (2009): Lehrbuch Gender und Queer. Grundlagen, Methoden und Praxisfelder. Weinheim und München.
Daly, M. (1980): Gyn/Ökologie. Eine Metaethik des radikalen Feminismus. München.
Davis, A.Y. (1981): Gender, race, and class. New York.
De Beauvoir, S. (1951): Das andere Geschlecht. Hamburg.
De Lauretis, T. (1991): Queer Theory. Lesbian and gay sexualities: An introduction. Differences: A Journal of Feminist Cultural Studies, 3(2), S. iii-xviii.
Degele, N. (2008): Gender/Queer Studies. Paderborn.
Deutsches Jugendinstitut/DJI (2005): Gender-Datenreport. 1. Datenreport zur Gleichstellung von Frauen und Männern in der Bundesrepublik Deutschland im Auftrag des Ministeriums für Familie, Senioren, Frauen und Jugend. 2. Fassung. München. Erstellt in Zusammenarbeit mit dem Statistischen Bundesamt.
www.bmfsfj.de/Publikationen/genderreport/01-Redaktion/PDF-Anlgen/gesamtdokument,property=pdf,bereich=genderreport,sprache=de,rwb=true.pdf (Abruf am 2.8.2010).
Domsch, M.E./Ostermann, A. (2005): Dual Career Couples: Die unerkannte Zielgruppe. In: Gross, W. (Hrsg.): Karriere(n) 2010. Chancen, seelische Kosten und Risiken des beruflichen Aufstiegs im neuen Jahrtausend, Bonn, S. 158-171.
Donovan, J. (2001): Feminist theory. The intellectual traditions. 3rd ed., New York, London.
Doppler, D. (2005): Männerbündisches Management – Verbündete Manager. Der Männerbund als komplexer Schließungsmechanismus im organisationalen Management. IFF info – Zeitschrift des interdisziplinären Zentrums für Frauenforschung und Geschlechterforschung. Universität Bielefeld, 22(30), S. 35-47.
Duberman, L. (1975): Gender and sex in the society. New York.
Eckert,P./McConell-Ginet, S. (1992): Think practically and look locally: Language and gender as community based practice. Annual Review of Anthropology, 21, S. 461-490.
Eckes, T. (2004): Geschlechterstereotype: Von Rollen, Identitäten und Vorurteilen. In: Becker, R./Kortendiek, B. (Hrsg.): Handbuch Frauen- und Geschlechterforschung. Theorie, Methoden, Empirie. Wiesbaden, S. 165-176.
Feldhahn, S, (2009): The male factor. The unwritten rules, misperceptions, and secret beliefs of men in the workplace. New York.
Festinger, L. (1957): A theory of cognitive dissonance. Evanston.
Firestone, S. (1971): The dialectic of sex: the case for feminist revolution. New York.

Fisher, R., Ury, W. & Patton, B. (1984): Das Harvard-Konzept. Der Klassiker der Verhandlungstechnik, Frankfurt am Main.

Flax, J. (1990): Postmodernism and gender relations in feminist theory. In: Nicholson, L. (ed.): Feminism and postmodernism. New York: Routledge, S. 39–62.

Foss, K.A./Foss S.K. (1991): Women speak: The eloquence of women's lives. Prospect Heights, IL.

Foss, S.K/Foss, K.A./Trapp, R. (1991): Contemporary perspectives on rhetoric. Prospect Heights, IL.

Foss, S.K./Griffin, C.L./Foss, K.A (1997): Transforming rhetoric through feminist reconstruction: A response to the gender-diversity perspective. Women's Studies in Communication, 20, S. 117-136.

Fried, A./Wetzel, R./Baitsch, C. (2001): Leistungsbeurteilung und Geschlechtsdiskriminierung. Kritisch-konstruktive Bemerkungen. Arbeit, 10 (2), S. 122-134.

Friedan, B. (1966): Der Weiblichkeitswahn oder Die Selbstbefreiung der Frau. Ein Emanzipationskonzept. Hamburg.

Giddens, A. (1988): Die Konstitution der Gesellschaft. Frankfurt/New York.

Gildemeister, R. (2004): Doing Gender: Soziale Praktiken der Geschlechterunterscheidung. In: Becker, R./Kortendiek, B. (Hrsg.): Handbuch Frauen- und Geschlechterforschung. Theorie, Methoden, Empirie. Wiesbaden, S. 132-140.

Gildemeister, R./Wetterer, A. (1992): Wie Geschlechter gemacht werden. Die soziale Konstruktion der Zwei-Geschlechtlichkeit und ihre Reifizierung in der Frauenforschung. In: Knapp, G.A./Wetterer, A. (Hrsg.): Traditionen Brüche: Entwicklungen feministischer Theorie. Forum Frauenforschung. Freiburg/Breisgau, S. 201-254.

Giles, H./Mulac, A./Bradac, J.J./Johnson, P. (1987): Speech accommodation theory. The first decade and beyond. In: McLaughlin, M.L. (ed.): Communication Yearbook 10. Newbury Park/CA, S. 13-48.

Glasl, F. (2002): Konfliktmanagement. Ein Handbuch für Führungskräfte, Beraterinnen und Berater. 8. aktualisierte und ergänzte Auflage, Bern, Stuttgart, Wien.

Gmür, M. (1997): Geschlechterstereotypen in der Führungskräfteauswahl. In: Management Forschung und Praxis, 19, S.1-17.

Gmür, M. (2004): Was ist ein ‚idealer Manager' und was eine ‚ideale Managerin'? Geschlechtsrollenstereotypen und ihre Bedeutung für die Eignungsbeurteilung von Männern und Frauen in Führungspositionen. Zeitschrift für Personalforschung, 18(4), S. 396-417.

Gmür, M. (2006): The gendered stereotype of the good manager sex role expectations towards male and female managers. Management Revue, 17(2), S. 104-121.

Goldberg, C. (2002): Globalisierung, Karrieren und Familien – wo bleiben da die Frauen? In: Goldberg, C./Rosenberger, S.K. (Hrsg.): KarriereFrauen-Konkurrenz. Innsbruck, S. 41-56.

Goffman, E. (1974): Frame analysis: An essay on the organization of experience. Cambridge MA.

Haffner, Y,/Könekamp, B./Krais, B. (2006): Arbeitswelt in Bewegung. Chancengleichheit in technischen und naturwissenschaftlichen Berufen als Impuls für Unternehmen. Bundesministerium für Bildung und Forschung. www.bmbf.de/pub/arbeitswelt_in_bewegung.pdf (Abruf am 20.9.2006).

Hark, S. (2004): Lesbenforschung und Queer Theorie: Theoretische Konzepte, Entwicklungen und Korrespondenzen. In: Becker, R./Kortendiek, B. (Hrsg.): Handbuch Frauen- und Geschlechterforschung. Theorie, Methoden, Empirie. Wiesbaden, S. 104-111.

Hans Böckler Stiftung (2009a): Lohnspreizung ohne Beispiel. Böckler impuls Nr. 12, August, S. 3.

Hans Böckler Stiftung (2009b): Frauen: Vom ersten Tag an weniger Geld. Böckler impuls Nr. 15, 7. Oktober.

Heider, F. (1958): The psychology of interpersonal relations. New York.

Heilman, M.E. (2001): Description and prescription: how gender stereotypes present women's ascent up the organisational ladder. Journal of Social Issues, 57(4), S. 657-674.

Heintz, B./Nadai, E./Ummel, H. (1997): Ungleichheit unter Gleichen: Studien zur g9eschlechtsspezifischen Segregation des Arbeitsmarkes. Frankfurt a.M.

Heinze, A./Holst, E. (o. J.): Gender earnings gap in German firms: The impact of firm characteristics and institutions. Zentrum für Europäische Wirtschaftsforschung. Discussion Paper No. 06-020. ftp://ftp.zew.de/pub/zew-docs/dp/dp06020.pdf (Abruf am 24.6.2010).

Hennessy, R. (2003): Feminismus. In: Haug, F. (Hrsg.): Historisch-kritisches Wörterbuch des Feminismus. Hamburg, S. 155-170.

Hermann, A. (2006): Karrieremuster als geschlechterkonstituierende Mechanismen in Organisationen. In: Bendl, R. (Hrsg.): Betriebswirtschaftslehre und Geschlechterforschung. Verortung geschlechterkonstituierender (Re)Produktionsprozesse zur Standortbestimmung der Betriebswirtschaftslehre, Wien, S. 243-271.

Heuberger, M.E. (2004): Karrierebrüche. Das Alumni-Magazin der Universität St. Gallen (3), Balgach, S. 23.

Hirschauer, S. (1994): Die soziale Fortpflanzung der Zweigeschlechtlichkeit. Kölner Zeitschrift für Soziologie und Sozialpsychologie, 4, S. 668-692.

Hirschauer, S. (2001): Das Vergessen des Geschlechts. Zur Praxeologie einer Kategorie sozialer Ordnung. Kölner Zeitschrift für Soziologie und Sozialpsychologie, Sonderheft 41, S. 208-235.

Hofbauer, J. (2004): Distinktion – Bewegung an betrieblichen Geschlechtergrenzen. In: Pasero, U./Priddat, B.P. (Hrsg.): Organisationen und Netzwerke: Der Fall Gender. 1. Aufl., Wiesbaden, S. 45-64.

hooks, b. (1992): Black looks: race and representation. New York.

Holmes, J./Marra, M. (2004): Relational practice in the workplace: Women's talk or gendered discourse? Language in Society, 33, S. 377-398.

Holst, E./Busch, A. (2009): Der „Gender Pay Gap" in Führungspositionen der Privatwirtschaft in Deutschland. SOEP Papers on Multidisciplinary Panel Data Research 169, DIW Berlin.

Holst, E./Schimeta, J. (2009): Nach wie vor kaum Frauen in den TOP-Gremien großer Unternehmen. DIW Berlin: Wochenbericht, Nr. 18, S. 302-309.

Holst, E./Wiemer, A. (2010): Frauen in Spitzengremien großer Unternehmen weiterhin massiv unterrepräsentiert. DIW Berlin: Wochenbericht, Nr.4, S. 2-10.

Hummel, C. (1984): »Sie haben jetzt ja lange geredet, Frau Lieberherr«: Entschuldigungen, Vorwürfe, Bitten und direkte Anreden in Fernsehdiskussionen. In: Trömel-Plötz, S. (Hrsg.): Gewalt durch Sprache. Die Vergewaltigung von Frauen in Gesprächen. Frankfurt a.M., S. 258-287.

Hymes, D. (1974): Foundations in Sociolinguistics. An ethnographic approach. Philadelphia.

Infante, D.A./Chandler, T. A./Rudd, J. E.(1989): Test of an argumentative skill deficiency model of interspousal violence. Communication Monographs 56, S. 163-177.

Infante, D.A./Rancer, A. (1982): A conceptualization and measure of argumentativeness. Journal of Personality Assessment, 46(1), S.72-80.

Irigaray, L. (1980): Speculum. Spiegel des anderen Geschlechts. Frankfurt/Main.

International Labour Office (Hrsg.) (2004): Breaking through the glass ceiling. Women in management. Geneva.

Jeffreys, S. (1996): Return to gender: post-modernism and lesbianandgay theory. In: Bell, D./Klein, R. (eds.). Radically speaking: feminism reclaimed. London, S. 359–374.

Jensen, K.S. H./Takruri-Rizk, H./Crossley, L. (2005): Developing female engineers. Research Report, School of Computing, Science and Engineering, IRIS (Informatics Research Institute). www.cse.salford.ac.uk/dfe/Projectreport.doc (Abruf am 7.9.2006).

Kanter, R.M. (1977): Men and women of the corporation. New York.

Katz, C./Baitsch, C. (1996): Lohngleichheit für die Praxis. Zwei Instrumente zur geschlechtsunabhängigen Arbeitsbewertung. Hrsg. vom Eidgenössischen Büro für die Gleichstellung von Frau und Mann. Zürich.

Kessler, S./McKenna, W. (1978): Gender. An ethnomethodological approach. New York.

Kimmel, M. S./Hearn, J./Connell, R. W. (eds.) (2005): Handbook of the studies of men and masculinities. London/Thousand Oaks/New Delhi.
Kirchmeyer, C. (2002): Gender differences in managerial careers: Yesterday, today and tomorrow. Journal of Business Ethics, 37, S. 5-24.
Klein, W. (1995): Sprachverhalten. In: Amelang, H. (Hrsg): Verhaltens- und Leistungsunterschiede. Enzyklopädie der Psychologie, Bd. 2, S.469-501.
Kleinert, C. (2006): Karriere mit Hindernissen. IAB Kurzbericht, Nr. 9, 6.6.2006, Nürnberg.
Koall, I. (2002a): Managing Gender & Diversity – systemtheoretisch-konstruktivistische Grundlegungen eines Weiterbildungskonzeptes. In: Koall, Iris/Bruchhagen, Verena /Höher, Friederike (Hrsg.): Vielfalt statt Leit(d)kultur – Managing Gender & Diversity. LIT: Hamburg, S. 1-26.
Koall, I./Bruchhagen, V. (2002b): Lust und Risiko in der Arbeit mit Verschiedenheit! Wissenschaftliche Weiterbildung „Managing Gender & Diversity". Zeitschrift für Frauen- und Geschlechterforschung, 11, S. 1-15.
Koall, I./Bruchhagen, V. (2005): Gender im Managing Diversity. Die Verbindung zwischen Gender(forschung) und Managing Diversity. www.migration-boell.de/web/diversity/48_282.asp (Abruf am 27.1.2010).
Kobi, J.-M./Wüthrich, H.A. (1986): Unternehmenskultur verstehen, erfassen und gestalten. Landsberg a. Lech.
Kotthoff, H. (1984): Gewinnen oder verlieren? Beobachtungen zum Sprachverhalten von Frauen und Männern in argumentativen Dialogen an der Universität. In: Trömel-Plötz, S. (Hrsg.): Gewalt durch Sprache. Die Vergewaltigung von Frauen in Gesprächen. Frankfurt a.M., S. 90-113.
Kotthoff, H. (1992): Die konversationelle Konstruktion von Ungleichheit in Fernsehgesprächen. zur Produktion von kulturellem Geschlecht. In: Günthner, S./Kotthoff, H. (Hrsg.): Die Geschlechter im Gespräch. Kommunikation in Institutionen. Stuttgart, S. 251-285.
Kramarae, C. (1981): Women and men speaking: Frameworks for analysis. Rowley MA.
Kreimer, M. (2002): (Un-)Vollkommene Konkurrenz auf Arbeitsmärkten? Zur Bedeutung der Arbeitsteilung für Frauen- und Männerkarrieren. In: Goldberg, C./Rosenberger, S.K. (Hrsg.): KarriereFrauenKonkurrenz. Innsbruck, S. 57-72.
Krell, G. (Hrsg.) (1997): Chancengleichheit durch Personalpolitik. Gleichstellung von Frauen und Männern in Unternehmen und Verwaltungen. Wiesbaden.
Krell, G./Winter, R.: (1998): Anforderungsabhängige Entgeltdifferenzierung: Orientierungshilfen auf dem Weg zu einer diskriminierungsfreie(re)n Arbeitsbewertung. In: Krell, G. (Hrsg.): Chancengleichheit durch Personalpolitik. Gleichstellung von Frauen und Männern in Unternehmen und

Verwaltungen. Rechtliche Neuregelungen – Problemanalysen – Lösungen. 2. Aufl., Wiesbaden, S. 283-302.
Krüger, H (Hrsg.) (1992): Frauen und Bildung. Bielefeld.
Lau, V. (2007): Grundlagen der Personalentwicklung. Prozesse, Methoden und Systeme. München und Mering.
Lauper, H./Lotz, C. (1984): »Also müssen wir jetzt aufpassen liebe Frau Struck«: Untersuchungen einer Fernsehdiskussion zwischen Karin Struck und Hans Apel. In: Trömel-Plötz, S. (Hrsg.): Gewalt durch Sprache. Die Vergewaltigung von Frauen in Gesprächen. Frankfurt a.M., S. 246-257.
Lukoschat, H./Walther, K. (2006): Karrierek(n)ick Kinder. Mütter in Führungspositionen – ein Gewinn für Unternehmen. Gütersloh.
Lerner, G. (1991): Die Entstehung des Patriarchats. Frankfurt a.M./New York.
Lerner, G. (1993): Unterschiede zwischen Frauen neu gefaßt. In: Schissler, H. (Hrsg.): Geschlechterverhältnisse im historischen Wandel. Frankfurt a.M./New York, S. 59-79.
Littlejohn, S.W. (2001): Theories of human communication. Wadsworth Belmont/CA.
Luthans, F./Hodgetts, R.M./Rosenkrantz, S.A (1988): Real managers. Cambridge.
MacKinnon, C. A. (1989): Toward a feminist theory of the state. Cambridge, Massachusetts, London.
Marshall, J. (1995): Women managers moving on. London.
Mattis, M.C. (2001): Advancing women in business organizations: Key leadership roles and behaviours of senior leaders and middle managers. Journal of Management Development, 20(4), S. 371-388.
Maxwell, G./Schmidt, D.R. (1967): Dimensions of compliance-gaining strategies. A dimensional analysis. Sociometry, 30, S. 350-364.
McCrosky, J.C. (1984): The communication apprehensive perspective. In: Daly, J.A./McCroskey, J.C. (eds.): Avoiding communication: Shyness, reticence, and communication apprehension. Beverly Hills/CA, S.13-38.
McKinsey & Company (2007): Women matter. Gender diversity, a corporate performance driver.
Metcalfe, B.D. (2006): Gender, communication and international business. In: Barret, M./Davidson, M.J. (eds.): Gender and communication at work. Burlington.
Millett, K. (1970): Sexual politics. New York.
Minh-ha, T. (1989): Woman, native, other. Writing, postcoloniality and feminism. Bloomington.
Mohanty, C.T. (2004): Feminism without borders. Decolonizing theory, practicing solidarity. 3rd ed. Durham and London.
Motley, M.T. (1990): Communication as interaction: A reply to Beach and Bavelas. Western Journal of Speech Communication, 54(4), S. 613-623.

Mummendey, H.D. (1995): Psychologie der Selbstdarstellung. 2.Aufl., Göttingen.
Mummendey, H.D. (2002): Selbstdarstellungstheorie. In: Frey, D./Martin, I. (Hrsg.): Theorien der Sozialpsychologie: Motivations-, Selbst- und Informationsverarbeitungstheorien, Bd. 3, 2. Aufl., Bern.
Narayan, U. (1997): Dislocating cultures. Identities, traditions, and third-world feminism. New York and London.
Neubauer, R. (1990): Frauen im Assessmentcenter ein Gewinn? Zeitschrift für Arbeits- und Organisationspsychologie, 34, S. 29-36.
Nestvogel, R. (2004): Sozialisationstheorien: Traditionslinien, Debatten und Perspektiven. In: Becker, R./Kortendiek, B. (Hrsg.): Handbuch Frauen- und Geschlechterforschung. Theorie, Methoden, Empirie. Wiesbaden, S. 153-164.
North, D.C. (1992): Institutionen, institutioneller Wandel und Wirtschaftsleistung. Tübingen.
Norton, R. (2002): A critique of social constructionism and postmodern Queer Theory. Queer language. http://rictornorton.co.uk/social23.htm (Abruf am 15.7.2010).
Oakley, A. (1972): Sex, gender and society. London.
Oakley, J.G. (2000): Gender-based barriers to senior management positions: Understanding the scarcity of female CEOs. Journal of Business Ethics, 27(4), S. 321-334.
Pasero, U. (2004): Gender Trouble in Organisationen und die Erreichbarkeit von Führung. In: Pasero, U./Priddat, B.P. (Hrsg.): Organisationen und Netzwerke: Der Fall Gender. 1. Aufl., Wiesbaden, S. 143-164.
Peters, S. (2003): Perspektivenvielfalt für Frauen und Männer im Management? In: Jansen, M./Röming, A./Rhode, M. (Hrsg.): Gender Mainstreaming: Herausforderung für den Dialog der Geschlechter. München, S.146-166.
Powers, J.H. (1995): On the intellectual structure of the human communication discipline. Communication Education, 44(3), S. 191-222.
Priddat, B.P. (2004): Vom Gender Trouble zur Gender-Kooperation. In: Pasero,U./Priddat, B.P.: Organisationen und Netzwerke: Der Fall Gender. 1.Aufl., Wiesbaden, S.165-197.
Rabe-Kleberg, U. (1990): Besser gebildet und doch nicht gleich! Bielefeld.
Rastetter, D. (1994): Sexualität und Herrschaft in Organisationen. Eine geschlechtervergleichende Analyse. Opladen.
Rastetter, D. (1998): Männerbund Management. Ist Gleichstellung von Frauen und Männern trotz wirksamer archaischer Gegenkräfte möglich? Zeitschrift für Personalwesen, 12(2), S. 167-186.
Rastetter, D. (2005): Vergemeinschaftung contra Gleichstellung. Das Management als Männerbund. In: Krell, G. (Hrsg.): Betriebswirtschaftslehre und

Gender Studies. Analysen aus Organisation, Personal, Marketing und Controlling. 1. Aufl., Wiesbaden, S. 247-266.

Rastetter, D. (2006): Vertrauen in weibliche Führungskräfte. In: Bendl, R. (Hrsg.): Betriebswirtschaftslehre und Frauen- und Geschlechterforschung. Teil 1 – Verortung geschlechtskonstituierender (Re-)Produktionsprozesse. Frankfurt a.M., S. 217-241.

Richter, R. (1999): Von der Aktion zur Interaktion. Der Sinn von Institutionen. In: Korff, W. (Hrsg.): Handbuch der Wirtschaftethik, Band 2. Gütersloh, S. 17-38.

Rubin, G. (1975): The traffic in women: notes on the "political economy" of sex. In: Reiter, R. (ed.): Toward an anthropology of women. New York, S. 157–210.

Rustemeyer, R./Thrien, S. (2001): Das Erleben von Geschlechtsrollenkonflikten in geschlechtstypisierten Berufen. Zeitschrift für Arbeits- und Organisationspsychologie, 45(1), S.34-39.

Schein, E.H. (1984): Coming to a new awareness of organizational culture. Sloan Management Review, 25(2), S. 3-16.

Schein, V.E./Davidson, M.J. (1993): Think manager, think male. Management Development Review, 6(3), S. 24-28.

Schenk, C. (2008): Frauenförderung, Gender Mainstreaming und Diversity Management. Gleichstellungspolitische Praxen im Lichte der Geschlechterforschung. In: Degele, N.: Gender/Queer Studies. Paderborn, S. 149-165.

Schruijer, S.G. I. (2006): Do women want to break the glass ceiling? A study of their career orientations and gender identity in the Netherlands. Management Revue, 17(2), S. 143-154.

Schuldt-Baumgart, N. (2009): Gleichstand? – Ursachen und Lösungsansätze zum Thema Entgeltdiskriminierung. In: Rechtshandbuch für Frauen- und Gleichstellungsbeauftragte, Loseblattsammlung 1/7.3.

Sczesny, S. (2003): Führungskompetenz: Selbst- und Fremdwahrnehmung weiblicher und männlicher Führungskräfte. Zeitschrift für Sozialpsychologie, 34(3), S. 133-146.

Seeg, B. (2000): Frauen und Karriere. Strategien des beruflichen Aufstiegs. Frankfurt/New York.

Sinus Sociovision (2010): Frauen in Führungspositionen. Barrieren und Brücken. Heidelberg.

Spelman, E.V. (1988): Gender & race: the ampersand problem in feminist thought. In: Spelman, E.V. (ed.): Inessential women. Boston, S. 114–132.

Statistisches Bundesamt (Hrsg.) (2005): Leben und Arbeiten in Deutschland – Ergebnisse des Mikrozensus 2004. Wiesbaden.

Statistisches Bundesamt (2010): Stundenverdienste von Frauen auch 2009 durchschnittlich 23% niedriger als bei Männern. Pressemitteilung Nr. 191 vom 31.05.2010.

www.destatis.de/jetspeed/portal/cms/Sites/destatis/Internet/DE/Presse/pm/ 2010/05/PD10__191__621,templateId=renderPrint.psml (Abruf am 24.6.2010).

Tannen, D. (1991): Du kannst mich einfach nicht verstehen. Warum Männer und Frauen aneinander vorbeireden. Hamburg.

Tannen, D. (1995): Job Talk. Wie Frauen und Männer am Arbeitsplatz miteinander reden. Hamburg.

Tedeschi, J. T./Norman, N. (1985): Social power, self- representation, and the self. In: Schlenker, B.R. (ed.): The self and social life. New York, S. 293-322.

Teubner, U. (1992): Geschlecht und Hierarchie. In: Wetterer, A. (Hrsg.): Profession und Geschlecht. Frankfurt a.M., S.45-50.

Teubner, U. (2004): Beruf: Vom Frauenberuf zur Geschlechterkonstruktion im Berufssystem. Die Konstitution von Berufsarbeit als Konstruktion von Geschlechtlichkeit. In: Becker, R./Kortendiek, B. (Hrsg.): Handbuch Frauen- und Geschlechterforschung. Theorien, Methoden, Empirie, 1. Aufl., Wiesbaden, S. 429-436.

Tondorf, K. (2003): „Simon verdient mehr als Simone". In: Bundesministerium für Familie, Senioren, Frauen und Jugend (Hrsg.): Dokumentation Equal Pay – Modelle und Initiativen zur Entgeltgleichheit

Tondorf, K. (2009): „Logib-D" – ein Weg zur Entgeltgleichheit. Zeitschrift des Deutschen Juristinnenbundes, 3, S. 130-133.

Trautner, H.M. (1997): Lehrbuch der Entwicklungspsychologie. Band 2: Theorien und Befunde. 2. unveränderte Aufl., Göttingen, Bern, Toronto, Seattle.

Trömel-Plötz, S. (2004): Sprache: Von Frauensprache zu frauengerechter Sprache. In: Becker, R./Kortendiek, B. (Hrsg.): Handbuch Frauen- und Geschlechterforschung. Theorie, Methoden, Empirie. Wiesbaden, S. 639-642.

Vance, M./Deacon, D (1995): Think out of the box. Franklin Lakes, NJ.

Vangelisti, A.L./Knapp, M.L./Daly, J.A. (1990): Conversational narcissism. Communication Monographs, 57, S. 251-274.

Vedder (2009): Diversity Management: Grundlagen und Entwicklung im internationalen Vergleich. In: Andresen, S./Koreuber, M./Lüdke, D. (Hrsg.) (2009): Gender und Diversity: Albtraum oder Traumpaar? Interdisziplinärer Dialog zur „Modernisierung" von Geschlechter- und Gleichstellungspolitik. Wiesbaden, S.111-131.

Villa, P.-I. (2004): (De)Konstruktion und Diskurs-Genealogie: Zur Position und Rezeption von Judith Butler. In: Becker, R./Kortendiek, B. (Hrsg.): Handbuch Frauen- und Geschlechterforschung. Theorie, Methoden, Empirie. Wiesbaden, S. 141-152.

von Rosenstiel, L./Nerdinger, F.W./Spieß, E. (1991): Was morgen alles anders läuft. Düsseldorf.
von Rosenstiel, L. (2000): Grundlagen der Organisationspsychologie. Stuttgart.
Weedon, C. (1999): Feminism, theory and the politics of difference. Oxford.
Weish, U. (2002): Konkurrenz in Kommunikationsberufen. In: Goldberg, C./Rosenberger, S.K. (Hrsg.): KarriereFrauenKonkurrenz. Innsbruck, S. 73-89.
Welpe, I. (2006): Organisation als Schnittstelle zwischen Genderforschung und Betriebswirtschaftslehre. In: Bendl, R. (Hrsg.): Betriebswirtschaftslehre und Frauen- und Geschlechterforschung. Teil 1: Verortung geschlechterkonstituierender (Re-)Produktionsprozesse. Frankfurt/Main, New York, Wien, S. 23-47.
Welpe, I. (2005): Genderlogik in akademischen Institutionen. Vortrag auf der 15. Jahrestagung der BuKoF: Frauenförderung und Frauenforschung an Fachhochschulen. FH Lübeck.
Welpe, I./Schmeck, M. (2005): Kompaktwissen Gender in Organisationen. Angewandte Genderforschung Bd. 1., Frankfurt a.M.
Welpe, I./Welpe, I. (2003): Frauen sind besser – Männer auch: Das Gendermanagement. Wien.
West, C. (1995): Women's competence in conversation. Discourse and Society, 6, S. 107-131.
West, C./Zimmermann, D.H. (1987): Doing Gender. Gender & Society, 1(2), S. 125-151.
West, C./Zimmermann, D.H. (1995): Doing Difference. Gender & Society, 9(1), S. 8-37.
Wetterer, A. (Hrsg.) (1992): Profession und Geschlecht. Frankfurt a.M.
Wetterer, A. (1995): Dekonstruktion und Alltagshandeln. In: Wetterer, A. (Hrsg.): Die soziale Konstruktion von Geschlecht in Professionalisierungsprozessen. Frankfurt a.M., S. 223-246.
Wilz, S.M. (2004): Relevanz, Kontext und Kontingenz: Zur neuen Unübersichtlichkeit in der Gendered Organization. In: Pasero, U./Priddat, B.P. (Hrsg.): Organisationen und Netzwerke: Der Fall Gender. 1. Aufl., Wiesbaden, S. 227-258.
Wunderer, R./Dick, P. (1997): Frauen im Management. Ergebnisse einer empirischen Untersuchung. Personalwirtschaft, 9, S. 12-16.
Wunderer, R./Kuhn, T. (Hrsg.) (1995): Innovatives Personalmanagement Neuwied.
Zalewski, M. (2000): Feminism after postmodernism. Theorising through practice. London/New York.
Zumbühl, U. (1984): »Ich darf noch ganz kurz ...«: Die männliche Geschwätzigkeit am Beispiel von zwei TV-Diskussionssendungen. In: Trömel-

Plötz, S. (Hrsg.): Gewalt durch Sprache. Die Vergewaltigung von Frauen in Gesprächen. Frankfurt a.M., S. 233-245.

Angewandte Genderforschung. Gender Research Applied

Herausgegeben von Ingelore Welpe

Band 1   Ingelore Welpe / Marike Schmeck: Kompaktwissen Gender in Organisationen. 2005.

Band 2   Ingelore Welpe / Philip Owino (eds.): The Intersection of Human Capital, Gender and HIV/AIDS in the African Context. 2007.

Band 3   Ingelore Welpe / Barbara Reschka / June Larkin (eds.): Gender and Engineering: Strategies and Possibilities. 2007.

Band 4   Ines Wulff: Implementierung von Gender Mainstreaming. Eine qualitative Untersuchung in Einrichtungen des Gesundheitsbereichs. 2008.

Band 5   Ingelore Welpe / Britta Thege: Karriereagenda für Frauen. Wie Geschlecht und Kommunikation über den Karriereerfolg entscheiden. 2011.

www.peterlang.de

Ingelore Welpe / Marike Schmeck

Kompaktwissen Gender in Organisationen

Frankfurt am Main, Berlin, Bern, Bruxelles, New York, Oxford, Wien, 2005.
183 S., zahlr. Abb.
Angewandte Genderforschung. Gender Research Applied.
Herausgegeben von Ingelore Welpe. Bd. 1
ISBN 978-3-631-54550-8 · br. € 23,00*

Kompaktwissen Gender in Organisationen führt kurz und bündig in das Mainstream-Thema Gender ein. Das Buch deckt den Wissensbedarf der Praxis zu den aktuellen Schlüsselbegriffen des Genderthemas und informiert über anwendungsreife Ergebnisse und bereits erprobte Methoden der Genderforschung in Organisationen. Erfolgreiche Beispiele aus der Praxis von Wirtschaftsunternehmen, der Hochschule und aus Verwaltungen demonstrieren die Anwendung des Genderthemas. Mit den Themen Wirtschaft und Familie, Gender in der Personalführung, Genderlogik und Genderkompetenz in Organisationen schlägt das Buch eine Brücke zwischen Genderforschung und Organisationen und unterstützt die Umsetzung des Genderthemas in modernen Organisationen.

Aus dem Inhalt: Schlüsselbegriffe Gender · Genderkonzept · Genderrollen · Genderaspekte Familie · Methoden Gender Mainstreaming · Gender in den Personalprozessen der Unternehmen · Gender-Praxisbeispiele aus Organisationen

Frankfurt am Main · Berlin · Bern · Bruxelles · New York · Oxford · Wien
Auslieferung: Verlag Peter Lang AG
Moosstr. 1, CH-2542 Pieterlen
Telefax 0041(0)32/3761727

*inklusive der in Deutschland gültigen Mehrwertsteuer
Preisänderungen vorbehalten
Homepage http://www.peterlang.de